캔들 마스터의

주식 캔들
매매법

캔들마스터의
주식 캔들매매법

1쇄 발행 2019년 7월 5일
5쇄 발행 2024년 1월 8일

지은이 캔들마스터

펴낸곳 (주)이레미디어
전   화 031-908-8516(편집부), 031-919-8511(주문 및 관리)
팩   스 0303-0515-8907
주   소 경기도 파주시 문예로 21, 2층
홈페이지 www.iremedia.co.kr
이메일 mango@mangou.co.kr
등   록 제396-2004-35호

편   집 정은아, 김은혜
디자인 에코북디자인
마케팅 김하경
재무총괄 이종미
경영지원 김지선

ISBN 979-11-88279-58-6 13320

이 도서의 국립중앙도서관 출판예정도서목록(CIP)은 서지정보유통지원시스템 홈페이지(http://seoji.nl.go.kr)와
국가자료종합목록 구축시스템(http://kolis-net.nl.go.kr)에서 이용하실 수 있습니다. (CIP제어번호 : CIP2019022446)

이 책의 내용은 저자가 제안하는 투자법으로 출판사의 의도와는 다를 수 있습니다. 또한 이 책은 투자 참고용이며,
무조건적으로 수익을 보장하는 것은 아닙니다.

주식시장을
이기는
강력한
차트 기법

캔들마스터의
주식 캔들
매매법

캔들마스터 지음

이레미디어

머리말

가치투자와 기술적 분석의 장점을 합친 방식이 바로 캔들매매법이다

"싸워야 할지 말아야 할지 아는 자가 이긴다."

《손자병법》〈모공(謀攻)〉편에 나오는 말이다. 어떨 때 싸워야 하고, 어떨 때 싸우지 말아야 할지 천시(天時)를 아는 것이 중요하다. 투자에서도 마찬가지다. '매수해야 할 때와 관망해야 할 때를 아는 것', 즉 '이기는 타이밍'을 아는 것이 성공 투자의 핵심이다.

〈병세(兵勢)〉편에서는 "세(勢)가 싸움의 관건이며, 세는 정해져 있지 않다"는 것과 '싸움에는 정석이 없음'을 설파한다. 이를 주식시장에 대입하면 투자의 본질을 깨달을 수 있다. 주가란, 미리 정해져 있는 것이 아니어서 이 세상 누구도 꾸준히 예측할 수 없다. 또한 꾸준히 수익을 내거나 한 번에 크게 성공하는 어떤 정답이나 비법도 있을 수 없다. 이를 알면 주가를 예측하려 하거나, 취보(醉步)적인 주가 흐름을 좇아 단타 매매에 애쓴다거나, 혹은 점쟁이 같은 전문가의 조언을 따라 하는 행위를 멈추게 된다. 그런 다음 과거와는 다른 방법을 모색하게 된다. 이처럼 성공적인 주식투자란 기존의 잘못된 관점을 뒤집는 것으로부터 출발할 수 있다.

대다수 개인투자자가 이런저런 이유로 하루에도 몇 번, 몇십 번씩 사고 파는 단타 매매의 늪에 빠져 있다. 최적의 투자, 매매 타이밍은 그처럼 자주, 분 단위 시간 차트에서 나오지 않음에도 그들만의 싸움을 하고 있다. 이제 증권사와 주변 업자들의 배만 불려줄 뿐인 비효율적인 방식에서 벗어나 투자의 본질로 돌아갈 때다. 주식에서 투자란 '이익을 얻기 위해 한정된 정보를 분석하여 시간을 투입하는 과정'이다. 지금껏 많은 개인투자자가 가치투자의 현실적 어려움을 핑계로 테마주에 몰리며 단타 매매에 집중해왔다. 익어서 저절로 떨어질 감을 느긋하게 기다리지 못하고 익었는지 안 익었는지 모르는 감을 마구 따 먹다 배탈 나는 꼴이다. 이 책에서 소개하는 캔들매매법은 가치투자, 즉 기본적 분석 방법에 기술적 분석 방법의 장점을 합친 방식이라고 할 수 있다. 기술적 분석을 배경으로 하지만, 시간적 측면에서는 가치투자처럼 몇 달에서 몇 년씩 종목을 보유하는 방식으로 속이 빨갛게 익은 감들이 저절로 떨어질 때까지 감나무 아래서 태평하게 기다리는 것이다.

　　꾸준히 공부한다면 단타 매매와 보조지표의 굴레에서 벗어나 심리적으로 여유로운 투자자가 될 수 있다. 복잡한 경제 뉴스, 지표, 재무제표를 분석할 필요가 없으며, 있지도 않은 파랑새와 엉터리 전문가를 쫓아다니는 수고와 비용, 시간을 아낄 수 있다. 이제 막 시장에 입문한 사람이든, 수십 년을 떠돌았지만 뚜렷한 성과를 내지 못한 사람이든 발상의 전환을 경험하고 실제적인 투자 기술을 익힐 수 있다. 물론 이 책이 만능열쇠는 아니다. 누구에게나 똑같이 적용되는 공식이나 기법은 세상에 존재하지 않는다. 어떤 사람은 다 읽지 못하고 덮을 것이고, 어떤 사람은 여러 번 읽었지만 조각만 떼어다 응용할 것이다. 또 어떤 사람은 있는 그대로를 받아들여 뚜렷한 성과를 낼 것이다. 다만 어느 쪽이라도 지금까지의 투자 방식을 뒤돌아보고 장기투자의 가능성을 새롭게 인식하는 계기가 될 것이라고 믿는다.

시장에 입문하는 초보자의 눈높이에 맞춰 썼지만, 한정된 지면으로 인해 설명이 빈약한 부분이 있을 수 있다. 공부하는 과정에서 약간의 부족함이 있더라도 널리 양해를 바란다. 더불어 균형감각을 가지고 내용을 차분히 살펴보았으면 한다. 기존 지식과 경험을 대입하며 수박 겉핥기 식으로 책을 읽는다면 얻을 것은 거의 없다. 또한 이 책의 내용을 단 며칠 만에 습득하려 하거나, 완벽하게 이해하려는 시도는 하지 않기를 바란다. 어떤 명연주자도 새로운 악기를 배운 지 하룻밤이나 며칠 만에 명인의 반열에 오르지 못한다. 한 장의 내용이 잘 이해되지 않더라도 다음 장으로 가볍게 넘어가도록 하자. 이후 다시 처음으로 돌아가 반복 학습하면 하나씩 퍼즐이 맞춰지면서 전체적인 개념을 이해하게 되고, 자연스럽게 실전에 활용하게 될 것이다. 천천히, 꾸준히 한다면 어느 날 여유롭고 성공적인 투자자가 되어 있을 것이라고 확신한다.

끝으로 캔들매매법의 초기부터 지금까지 후배와 동료들의 실력 향상을 위해 한결같이 애쓴 돗보기 님, 카바리아 님, 밤톨 님, 하연 님을 비롯한 오프라인 스터디 모임 운영진에게 감사와 경의를 표한다. 해외 주식과 관련해 도움을 준 안세아 님과 일본의 Mr. 캔들 님, 중국의 진건군 님께도 감사드린다.

캔들마스터

차례

8장 캔들 ·· 194

9장 파동, 캔들군, 캔들의 조합 ···························· 246

1장

왜
캔들
매매법
인가

"세상에는 똑똑한 투자자가 널렸다.
하지만 현명한 투자자는 드물다. 인내심을 가진 투자자는 거의 없다."

01

이기는 타이밍을
알아내는 캔들매매

투자 방식에는 크게 기본적 분석과 기술적 분석이 있다. 기본적 분석은 '경제 분석→산업 분석→기업 분석'과 같은 과정으로 주식의 내재적 가치를 분석하여 미래 주가를 예측하는 방식이다. 그리고 기술적 분석은 차트로 대변되는 과거의 주가 흐름을 분석하여 미래 주가를 예측하는 방식이다.

이 책에서 소개하는 캔들매매법(이하 '캔들매매'라 칭한다)은 기술적 분석 방법의 하나이다. 하지만 기존 방식과는 그 궤를 달리하며, 많은 면에서 반대의 입장을 취한다. 예를 들어 캔들매매는 다음과 같은 특징을 갖는다.

- 이동평균선, 거래량을 포함한 그 어떤 보조지표도 활용하지 않는다.
- 기본적 분석, 경제 지표 등 펀더멘털 요소에 관심 두지 않는다.
- 미래 주가를 예측하려 하지 않는다(추세에 신경 쓰지 않는다).
- 단편적인 파동의 선, 캔들 형태에 집착하지 않는다.
- 주간 차트로 거래하는 기술적 장기투자 방식이다.

시중의 대다수 전문가, 개인투자자는 추세에 대한 잘못된 고정관념으로 추세 맞추기에 열중한다. 전문가들은 "상승할 것이다", "지지받을 것이다", "심리적 지지선이다", "매도세가 강하다" 등 주가 방향을 예측하는 온갖 주장을 해댄다. 어쩌다 맞으면 큰소리치고, 맞지 않을 때는 침묵한다. 이 세상 그 누구도 맞출 수 없는 대상을 계속해서 맞추려다 보니 갖가지 희비극이 연출된다.

　　추세란, 온갖 변수를 만나 그때그때 방향을 바꾸는 변덕쟁이에 불과하다. 이때 변수란 매우 다양한데, 예를 들어 '시류에 편승하는 군중심리(대세 상승장/하락장, 단타/투기장)', '장 시작과 장 마감 같은 시간적 타이밍', '눈치 보기에 의한 심리적 타이밍', '실적 발표 등의 반짝 호재', '국내외 경제 상황', '정부기관 및 미디어의 간섭', '세력의 개입' 등이 있을 수 있다.

　　이동평균선(이평선), 거래량, MACD, 볼린저밴드와 같은 온갖 보조지표와 지

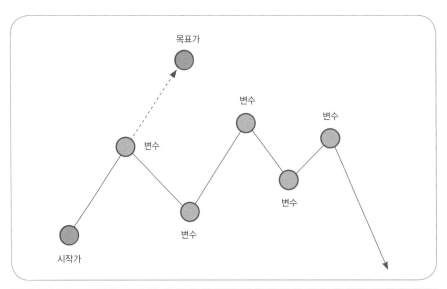

그림 1-1 | 추세는 변수를 만나 방향을 바꾸는 변덕쟁이다

지저항선, 추세선 같은 보조도구 또한 모두 추세 예측에 초점이 맞춰져 있다. 비이성적 움직임과 변수로 점철된 시장을 수학적·과학적 잣대로 재단하려는 이런 노력은 번지수를 잘못 짚은 것이다. 수학 공식처럼 분명하게 수익이 나는 기법을 완성하려는 것은 평생을 노력해도 이룰 수 없다. 그렇다면 추세 예측 없이 어떻게 성공적인 거래가 가능할까?

먼저 추세를 맞추려는 관점을 포기하면 다음과 같은 이점이 생긴다.

첫째, 미래 주가의 방향을 '확신'함으로써 생기는 패착을 예방할 수 있다. 나름의 근거로 현재 주가가 1,000원인 종목이 2,000원까지 상승할 것으로 확신한다고 가정해보자. 2배 상승이 확실한데, 자금을 아끼거나 손절매(손실제한주문) 할 이유가 있을까? 900원, 800원 밑으로 하락할 때마다 있는 자금, 없는 자금을 끌어다 추가 매집(물타기 매수)에 나설 것이다. 다행히 2,000원까지 상승하면 큰 수익을 낼 것이다. 하지만 반대로 500원, 400원 아래로 하락하면 큰 손실을 입고 좌절감과 함께 심리적 괴로움을 겪게 된다. 시중의 대다수 개인투자자가 이같은 경험을 한다.

둘째, '확신'이 아니라 '확률'의 관점으로 시장을 바라볼 수 있다. 추세는 미리 정해져 있지 않지만 '변수'에 의한 변곡점은 종종 발생한다. 이런 변수는 얼마 못 가 다른 변수를 만나 꺾어진다. 지금 당장은 확률적 상승 가능성이 크더라도 반대의 확률 또한 늘 존재한다. 그렇기 때문에 여러 종목에 자금을 분산투자함으로써 전체적인 성공 확률을 높이는 노력을 하게 된다.

셋째, 심리적으로 안정된다. 상승을 예상하고 매수해서 상승하면 좋고, 반대로 하락해도 늘 그럴 수 있는 일이기에 묵묵히 받아들이게 된다. 변덕스러운 시장에서는 예상을 뛰어넘는 어떤 일도 일어날 수 있기 때문이다.

이와 같이 추세를 맞추려는 시도를 포기하면 자연스럽게 성공 투자의 확률이 높아진다. 추세는 예측할 수 없는 대상이며, 뚜렷한 정답이나 비법이 있을 수 없음을 깨달아 이전과 다른 관점으로 투자시장을 바라보게 된다. 있지도 않은 비법을 찾아 평생을 허비할 필요도, 매일같이 '상승이다', '하락이다'라고 외치는 양치기 소년 같은 전문가에게 기만당할 이유도, 끊임없이 쏟아져 나오는 경제 뉴스와 지표에 귀 기울일 필요도 없어진다.

추세 예측의 함정, 굴레에서 벗어나면 지금이 '확률적으로 거래에 유리한 구간, 타이밍인지 아닌지'에만 집중할 수 있다. 즉 어떨 때 싸워야 하고, 어떨 때 싸워서는 안 되는지만 신경 쓰는 것이다. 이런 확률적 구간을 과거 차트의 수많은 흔적, 접점을 추려내고 정제하여 모듈화한 것이 캔들매매다.

캔들매매는 크게 파동, 캔들군, 캔들(캔들 패턴)이라는 세 가지 요소로 구성되며, 각각은 세부적인 모듈로 나눠진다. 매수 신호는 '파동+캔들군+캔들'의 조합에 의해 탄생할 때도 있고, '파동+캔들군', '파동+캔들', '캔들군+캔들'의 연결 등으로 만들어질 때도 있다. 결국 캔들 하나의 단편적인 형태가 아니라 각각의 모듈이 가진 위치적·형태적 신뢰성을 연결하고 보완하여 확률적 판단과 대응을

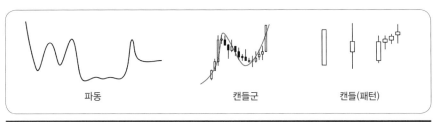

| 파동 | 캔들군 | 캔들(패턴) |

그림 1-2 | 캔들매매의 구성 요소 1

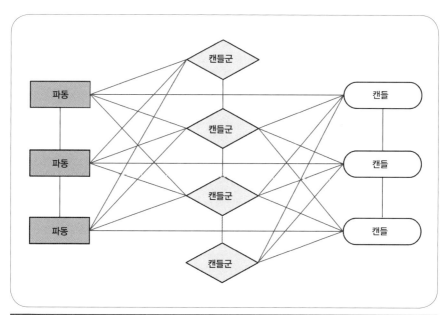

그림 1-3 | 캔들매매의 구성 요소 2

해나가는 방식이라고 할 수 있다.

예측은 세력[1]의 몫으로나 남겨두자. 그들이 잘 실패하지 않는 이유는 그나마 체계적인 위험 관리와 분산투자를 하기 때문이다. 또 개인투자자처럼 터무니없는 수준의 일간, 월간, 연간 수익을 목표로 하지도 않는다.

공부해나가다 보면 캔들, 그 캔들의 집합체인 캔들군 그리고 캔들군의 연결인 파동에 이미 펀더멘털적 요소와 잠재적인 기업가치, 그에 대한 시장의 반응이 전부 녹아 있음을 발견하게 될 것이다.

---

1) 세력의 종류는 매우 다양하다. 연기금 등의 공공기관, 일반 은행, 투자 은행, 증권사, 선물사, 보험사, 투신사, 사모펀드, 헤지펀드 등의 기관에서부터 대규모 자금을 운용하는 슈퍼 개미로 불리는 개인 그리고 불법적인 투기 세력, 작전 세력 등이 있다.

성공적인 캔들매매를 위해
먼저 버려야 할 것들

대부분의 개인투자자가 기존 지식에 새로운 지식을 더해가는 식으로 투자 공부를 하고 있다. 하지만 종국에는 온갖 것이 혼재되어 이도 저도 아닌 것이 되기 십상이다. 또한 주관적인 느낌에 의한 투자, 매매로 치닫기 일쑤다. 십수 년의 거래 경력에도 불구하고 작은 성공은커녕 도박성 매매를 반복하는 사람이 많은 이유다. 성공 투자란 기존에 알던 것을 덜어내고 가장 기본적인 것, 단순함으로 돌아가는 과정이라고 할 수 있다. 본격적인 공부에 앞서 다음과 같은 고정관념, 낡은 지식과 관점은 모두 무시하거나 버리도록 하자.

- 비법, 비기에 대한 환상
- 수학적, 과학적 공식을 찾으려는 시도
- 미래 주가를 예측하려는 시도
- 온갖 보조지표, 보조도구에 대한 공부와 지식
- TV, 신문, 증권사, 인터넷 등에서 쏟아져 나오는 시장 뉴스, 전망
- 테마주, 단기 재료에 대한 정보

- 증권 TV, 증권카페, 투자 커뮤니티 기웃거리기
- 전문가, 제삼자의 종목 추천과 조언 따라 하기
- 다른 사람의 수익, 매매일지에 관심 두기
- 온갖 투자서, 기법서, 심리학 서적 섭렵하기
- 매일, 매주, 매월 수익 목표 달성하기

어떤 것은 알아도 상관없지만 애써 알 필요가 없고, 어떤 것은 완전히 무시해야 한다. 투자 경력이 오래일수록, 아는 게 많을수록 버려야 할 게 많고 벗어나기 쉽지 않다.

모차르트는 자신에게 음악을 배우러 온 사람에게 이런 질문을 했다고 한다.

"전에 음악을 배운 적이 있습니까?"

배운 적이 없다고 하면 일반적인 수업료를 받지만, 배운 적이 있는 사람에게는 두 배의 수업료를 요구했다. 모차르트는 그 이유에 대해 이렇게 설명했다.

"전에 음악을 배웠다면 잘못된 지식으로 둘러싸여 있어 이를 바로잡기가 매우 힘듭니다. 음악을 모르는 사람을 가르치는 것보다 두 배로 어렵기 때문에 두 배의 수업료를 받는 것입니다."

캔들매매에 필요한 사전 지식은 단순하여 공부 시간을 단축할 수 있다.

- 계좌 개설하는 방법
- HTS(홈트레이딩시스템), MTS(모바일트레이딩시스템)의 기본 사용법
- 주식시장의 역사와 주식 용어
- 차트의 종류, 양봉과 음봉의 기본 구조

변수가 많은 시장에서 성공에 다가서는 유연한 사고와 대응

이 책은 독창적이다. 수백 권의 투자서, 기법서를 두루 섭렵하거나 수백 번의 투자 강의를 들은 사람이라도 이 책에서 다루는 내용이 생소할 것이다. 기존의 지식, 관점, 신념과는 파격적으로 상충하기 때문에 초기에는 혼란을 겪을 수 있다. 늘 하던 대로 '명확함', '정확함'을 좇고 분석적·논리적으로 사고하는 사람이라면 더 그럴 것이다.

기본적으로 투자시장은 논리적으로 문제 해결을 시도하는 분석적 학습자보다 감각적으로 문제 해결을 시도하는 종합적·통합적 학습자에게 더 어울리는 곳이다. 사지선다형처럼 뚜렷한 정답이 없기에 시장을 체계적으로 분석하고, 변수를 통제하려는 사람은 출발부터 잘못될 수밖에 없다. 시장은 체계적이지 않으며 변수가 너무 많아 통제할 수 없다. 때문에 통제가 아닌 순응에 초점을 맞춰야 한다.

이 책은 100% 명쾌한 정의와 명확한 기준을 제시하지 않는다. 어느 정도의 모호함이 시장의 본질이고, 이 책을 관통하는 명제이기에 모호함에 대해 관용하고, 대두되는 많은 변수와 예외를 개방적으로 받아들여야 한다. 모호함을 인정하고 변수를 받아들일 때 비로소 유연한 사고로 무장하여 예측이 아닌 대응에 집중함으로써 성공에 가까이 다가서게 된다.

2장

금융투자
시장과
캔들매매

"안 좋거나 어려운 시장이란 없다.
잘못된 투자만 있을 뿐이다."

01 금융투자시장의 종류와 통계

개인이 거래할 수 있는 금융투자시장에는 다음과 같은 종류가 있다.

> 주식시장

: 코스피(유가증권 시장), 코스닥, 코넥스, 장외시장

> 증권상품시장

: ETF(상장지수펀드증권), ELW(주식워런트증권), ETN(상장지수증권)

> 채권시장

: 주가지수선물/옵션, 개별주식선물/옵션, 채권/금리선물,

　통화선물(원/달러, 유로/달러 등), 상품선물(에너지, 금속, 농산물 등)

: EUR/USD, GBP/USD, USD/CHF, USD/JPY 등

: 비트코인, 이더리움, 리플, 라이트코인 등

　국내 자본시장법에서는 금융상품을 증권과 파생상품으로 구분한다. 투자자가 원금 이외에 어떤 명목으로든지 추가로 지급 의무를 부담하지 않는 경우를 증권으로, 원금을 초과하는 추가적인 손실이 발생할 수 있는 경우를 파생상품으로 구분한다.

　쌀, 금, 옥수수 등 필요한 물건이 있으면 시장에 가서 값을 지급하고 구매하는 것을 '현물(現物)거래'라 한다. 미래 일정 시점에 미리 정한 가격으로 매매할 것을 현재 시점에서 약정, 미래 가치를 사고파는 것을 선물(先物)거래라고 한다. 선물거래는 파생상품의 한 종류로 쌀, 금, 옥수수 등 기초자산의 가격 변화에 따라 변하게 되는 금융상품을 말한다.

　현물과 선물의 가장 큰 차이점 중 하나는 현물은 만기가 없지만, 선물은 계

약이 종료되는 만기가 있다는 점이다. 선물거래를 포함한 파생상품의 원래 목적은 현물거래에서 발생하는 위험을 회피하는 것이다. 하지만 실제로는 고수익 투자 수단으로 인식되어 활용되고 있다.

정리하자면, '삼성전자'와 같은 개별 주식은 현물로서의 증권상품이고, 코스피200 선물 등 '선물', '옵션'이라는 단어가 붙으면 파생상품에 속한다. 기본적으로 외환시장(FX마진거래, 외환차익거래)은 파생상품시장이고, 가상화폐(암호화폐) 등 기초자산에서 파생된 종목은 파생상품시장의 범주에 들어간다.

국내 자본시장법에 의하면 ETF는 현물, ETF를 기초자산으로 하는 ETF 선물은 파생상품이다. 그리고 ELW, ETN 또한 파생상품이다. 파생상품시장의 통화선물과 외환시장은 거래 조건이 다를 뿐 취급하는 종목은 중첩된다(예: 유로/달러, 파운드/달러, 달러/엔 등).

이외에도 금융시장의 분류와 특징은 설명할 게 많고 복잡하지만 깊이 있는 이해는 불필요하다. 이 책에서 다루는 범위는 주식시장과 증권상품시장에 한정된다. 만약 다양한 파생상품시장까지 공부하여 거래하고 싶다면 필자의 다른 책 《실전 캔들매매법》(이레미디어, 2012.11)과 《캔들혁명》(퍼플, 2018.6)을 참고하기 바란다.

흔히 투자자들에게 주식은 안전한 시장으로, 파생은 위험한 시장으로 인식된다. 그렇다면 주식과 파생상품의 한 시장인 해외선물의 차이점을 간단히 비교해보도록 하자. 〈표 2-1〉의 비교표는 대략적인 기준으로 세부적으로는 조금씩 차이가 있을 수 있다.

표 2-1 | 해외선물과 국내 주식 비교

항목	해외선물	국내 주식
최소 투자금	중개사 및 종목마다 다름(예: 골드 4,500달러)	-
종목 수	~120개(중개사마다 다름)	약 2,100개(코스피+코스닥)
시장 운영 시간	20~23시간	6시간 30분
최적의 시간 차트	거의 24시간 장이 운영되고 전 세계 투자자가 참여함에 따라 차트에 시세가 골고루 반영→1시간 차트 적합	장 운영 시간이 짧고 일일 갭이 자주 발생 → 주간 차트 적합
(공)매도 가능 여부	매도 가능	매우 제한적(개인)
레버리지(신용거래)	10~70배(국내 중개사)/10~1,000배(해외 중개사)	1~5배(증권사 및 종목마다 다름)
만기	있음	없음
유동성	시장 참여자가 많아 유동성 풍부	해외선물과 비교하면 시장 참여자가 적음
세력의 영향력	유동성이 커서 소수 세력이 시장을 온전히 제어하기 어려움	유동성이 작은 종목은 소수 세력의 개입에도 가격 급등 가능

이 책에서는 다음 시장을 중점적으로 다룰 것이다.

• 국내 주식(코스피, 코스닥, ETF, ETN)

• 해외 주식(미국, 일본, 홍콩, 중국)

대다수의 개인투자자가 코스피시장보다 코스닥시장에 집중하여 거래하는 경향이 있다. 상대적으로 코스피 종목보다 소액 투자가 가능한 저가주가 많은 데다 변동성이 커서 빠른 수익 달성을 기대할 수 있기 때문이다(다른 의미로는 적은 투자 자금으로 '대박'을 노리는 것이다).

한국거래소에 따르면 2017년 한 해 동안 유가증권시장(코스피)의 한 종목당 평균 주식 보유 기간은 약 6개월인 187일이었다. 같은 기간 코스닥시장은 두 달 남짓인 64일이었다. 외국인과 기관투자자를 제외한 개인투자자만 놓고 보면 한 종목당 평균 보유 기간은 대폭 줄어든다.

2017년 1~9월 기준, 국내 주식 총 거래량의 약 50%가 단타 매매였고, 이 중 개인투자자의 비중이 95.58%였다. 또 2018년 상반기 코스피시장의 상장주식회 전율은 152%로 전년 대비 42% 증가했다. 같은 기간 개인투자자의 투자 비중이 코스피보다 상대적으로 높은 코스닥시장은 285%로 28% 늘어났다. 주식회전율은 주식을 사고파는 손바뀜 정도를 뜻하며, 전년도보다 단타 매매 비중이 대폭 증가했음을 의미한다.

이처럼 시장에는 단타 매매자가 많고 계속 늘어나고 있는데, 이는 상장기업의 본질적 가치에 투자한다는 주식시장의 원래 목적에도 부합하지 않는다. 뿐만 아니라 많은 부작용을 양산한다. 단타 매매 자체가 잘못된 것은 아니지만 시장 통계가 말해주듯 단타 매매로 성공하기란 매우 어렵고 비효율적이다.

한국거래소에 따르면 2019년 1분기 코스피시장의 개인투자자 상위 10개 매수 종목 중 8개 종목의 주가가 하락했는데, 하락률은 평균 −7%였다. 이에 비해 외국인 및 기관투자자 순매수 상위 10개 종목의 평균 수익률은 각각 +12%, +8%였다. 같은 기간 코스피 전체 수익률이 +6.49%였음을 고려하면 단타를 위주로 하는 개인의 투자 실적이 얼마나 형편없는지 알 수 있다.

그렇다고 가치투자가 마냥 쉬운 것도, 수익을 보장하는 것도 아니다. 국내외 경제 상황에 쉽게 휘둘리며 다른 테마주 종목의 영향도 곧잘 받는다. 기업 가치를 분석하기도 쉽지 않은 데다, 주가가 꼭 기업 가치와 일치하는 것도 아니다. 한두 개의 소수 종목에 몰아서 투자하고 상승하기만을 무작정 기다리다 큰 손실을 보는 경우도 비일비재하다.

그럼에도 불구하고 어떤 시장이든 장기투자를 해야만 조금이라도 성공 확률을 높일 수 있다. 또 여러 조건상 파생상품보다 현물상품이 좀 더 안전하다.

이 책에서 소개하는 차트는 대부분 코스피와 코스닥 종목이며, 상장 기간이 대체로 짧은 ETF, ETN 종목은 소수에 지나지 않는다. 현물투자에 먼저 집중한 후 충분한 경험과 노하우가 쌓인다면 ELW, ELS, 나아가 다양한 파생상품까지 투자 포트폴리오를 넓히기 바란다. 물론 주식과 관련 증권상품만 계속 거래해도 무방하다.

대부분의 개인투자자가 수익을
내지 못하는 금융투자시장의 본질

통계적으로 주식을 포함한 금융투자시장에서 제대로 된 수익을 내는 개인투자자는 열 명 중 한 명 수준에 불과하다(필자는 1~2%에 불과하다고 본다). 누군가 잃어야 내가 따는 제로섬(Zero-sum) 게임인 시장에서 성공하기란 현실적으로 매우, 아주, 극도로 어렵다. 그런데도 많은 사람이 별다른 사전 준비 없이 시장에 뛰어든다. 그 이유가 뭘까?

첫째, 현대인에게 있어 큰 걱정거리인 노후 대비, 학자금, 결혼자금, 주택구입 자금 등에 보탬이 되도록 소규모 자금으로 충분한 수익을 노려볼 수 있는 대상이 주식, 파생상품 같은 금융투자상품밖에 없기 때문이다.

둘째, (가짜이거나 일시적인 성공인 경우가 대부분이지만) 매스컴이나 매체를 통해 주식으로 성공한 사람을 쉽게 접할 수 있다. 가치투자자를 제외하고 성공했다고 하는 사람의 99%는 과거에 큰 실패를 겪었거나 실패와 성공을 반복해온 사람들이다. (도박성 투자로) 지금 잠시 성공했더라도 시장을 떠나지 않는 한 이들은 다시 실패의 사이클로 돌아갈 가능성이 크다.

셋째, 시장에는 주식투자로 누구나 성공할 수 있다고 직간접적으로 선전하는 호객꾼, 장사꾼, 선전물이 차고 넘친다. 주식시장 활황을 유도하는 정부 기관부터 증권상품, 펀드를 운용하는 증권사, 경제 TV, 경제신문사, 주식 관련 카페 그리고 이들과 합작, 중개수수료 및 교육비를 노리는 온갖 부류의 주식 전문가가 그들이다. 시장 참여자가 많아야만 이들이 먹고산다. 미래 주가를 예측할 수 있다고, 어떤 비밀스러운 보조지표가 있다고 과대 선전, 허위 선전해야만 준비가 안 된 사람이라도 시장에 선뜻 뛰어들 것이기 때문이다.

결국 각 집단 간의 갖가지 이해관계와 개인적인 현실, 바람이 맞물려 별다른 사전준비 없이 '나는 아닐 거야'라는 자신감과 착각으로 시장에 입문한다. 나름 공부한다고 하지만, 어설프게 기본적 분석과 펀더멘털 공부, 보조지표에 관한 공부에 그치고 만다. 그리고 어딘가에 있을 법한, 잡힐 듯 잡힐 듯하지만 영원히 잡히지 않을 수익 나는 비법, 자신에게만 찾아올 행운의 비기를 기다리며 다람쥐 쳇바퀴 돌 듯 시간과 열정, 자금을 갉아먹는다.

개인투자자의 약 90%가 단타 매매를 위주로 하거나, 단타 매매를 경험하고 있다는 시장 통계가 있다. 많은 사람이 안정성과 개인투자자로서의 한계를 핑계로 하루에도 몇 번, 몇십 번씩 사고파는 도박성 단타 매매에 빠져 주식시장을 투기꾼, 도박꾼의 놀이터로 만드는 데 일조하고 있다. '주식투자자'라는 그럴듯한 이름으로 포장하지만, 실상은 그때그때의 감(感)이나 외부 정보를 짜깁기하여 충동적으로 거래하는 '일당벌이' 식 도박에 지나지 않는다. 단기적으로 어디로 튈지 모르는 럭비공을 앞에 두고 추세가 어떻고 수급이 어떻고 하며 전문가

흉내를 낸다. 하지만 심리는 늘 불안하고, 카지노 도박과 마찬가지로 하면 할수록 계좌 잔액만 줄어들 뿐이다. 시장에 포진한 온갖 세력과 유사투자 자문업으로 포장한 수많은 호객꾼, 장사꾼 입장에서 단타 매매자는 반가운 손님이 아닐 수 없다.

시장의 숨은 본질은 세력으로 대표되는 시장 주최자와 주변 기생세력의 배를 불리는 것으로 '세력' 대 '개인'의 싸움으로 정의할 수 있다. 물론 싸움에서 지는 쪽은 늘 개인이다. 더 많은 개인을 시장에 끌어들이기 위한 시장 구조뿐 아니라, 개인을 대상으로 한 작전과 스톱헌팅(Stop hunting)[2] 또한 횡행한다. 이처럼 원래 설계 의도와 달리 금융투자시장의 현실은 부정적 요소가 많다. 결론적으로 주식시장을 이기는 최상의 방법은 애초부터 시장에 참여하지 않는 것이다.

차선책으로 작은 성공이라도 이루고자 한다면 남들과 똑같은 실수를 반복하지 말고 다른 길을 걸어야 한다. 투기나 도박이 아니라 투자의 관점으로 시장에 접근하고, 장기적 관점에서 시장과 종목을 확률적으로 바라보며 분산투자해야 한다. 도움은커녕 방해만 될 뿐인 경제 뉴스, 지표와 같은 단발성 외부 정보(재료)에 얽매이지 말고, 시류에 휩쓸림 없이 자신만의 투자 철학으로 꿋꿋이 거래해나가야 한다.

---

2) 일시적으로 대량 자금을 투입, 대다수 개인 트레이더가 설정해놓은 손실한도설정(Stop-loss order) 라인까지 인위적으로 시세를 끌어 올리거나 떨어뜨림으로써 개인 트레이더의 손실분을 수익으로 취하는 행위다. 예를 들어 크루드 오일(Crude oil) 선물이 50.50달러에 거래된다고 할 때 매수 포지션을 취한 대다수 트레이더는 50달러 또는 49.95달러와 같은 가격에 손실한도설정을 할 가능성이 크다. 이때 특정 세력이 50달러 또는 49.95달러 아래로 가격을 떨어뜨리면 이전 매수 포지션이 대량 청산됨과 동시에 유동성이 늘어남에 따라 가격이 추가 하락하는 사이클을 반복하게 된다. 천문학적인 자금을 운용하는 헤지펀드 등 세력의 입장에서는 이전 매도분을 일괄 또는 좋은 가격에 청산하기 유리한 환경이 조성되는 것이다. 일반적으로 주식시장보다는 레버리지를 많이 활용하는 선물이나 외환시장에서 횡행한다.

03 주식시장이 상대적으로 수익 내기 쉬운 이유

'파생은 위험하다', '파생은 도박이다', '주식을 하다가 파생으로 넘어가면 막장이다' 등의 이야기가 시장에서 널리 회자되고 있다. 틀린 말은 아니지만 그렇다고 맞는 말도 아니다. 주식이든 파생이든 모든 금융투자시장의 본질은 같기 때문이다. 어떤 관점과 방식으로 시장에 접근하느냐에 따라 체감 난이도가 달라질 뿐이다.

예를 들어 레버리지(Leverage)[3]를 사용하지 않으면 FX마진거래가 주식보다 안전할 수 있다. 또한 주식시장에서 하루에도 수십 번씩 사고파는 스캘핑(Scalping)[4] 매매를 하는 사람은 일주일에 한두 번 거래할까 말까 하는 금이나 오

---

3) 자산투자에서 수익 증대를 위해 차입자본(부채)을 끌어다가 자산 매입에 나서는 투자 전략을 총칭한다. 만약 자기자본이 1,000만 원으로 10% 수익을 목표로 한다면 100만 원이 된다. 이때 4,000만 원을 외부로부터 차입하여 총 5,000만 원으로 10% 수익을 내면 수익금은 500만 원이다. 원래 자기자본인 1,000만 원 대비 50%의 수익을 낸 것이다. 문제는 거꾸로 10% 손실을 내는 경우인데, 이때는 자기자본 대비 −50%를 기록하게 된다. 이처럼 레버리지는 남의 돈을 빌려 하는 '돈 더 놓고 돈 더 먹기' 같은 방식으로 투자자에게 양날의 검과 같다. 주식시장은 레버리지가 없거나 매우 낮은 편이지만, 파생상품시장에서는 높은 레버리지가 횡행한다.
4) 주식이나 선물시장에서 하루에도 수십 번, 수백 번 이상 분·초 단위로 거래하며 단기 차익을 얻는 박리다매형 초단타 매매 기법이다.

일 선물투자자보다 노출된 위험 요소가 많다. 해당 시장의 본질과 특성을 정확히 알고 거래한다면 어떤 시장이든 기회의 시장이 될 수도, 반대로 위험한 시장이 될 수도 있는 것이다.

주식시장이 파생상품시장보다 수익 내기 쉬운 이유와 장점을 정리해보면 다음과 같다.

- 변동성이 낮은 편이다(수익률도 낮지만 위험률도 낮다).
- 만기와 스왑(Swap) 이자가 없어 장기투자에 적합하다.
- 운영 시간이 짧고, 공매도가 어려워 거래 횟수가 많지 않다.
- 거래 가능 종목이 많다.
- 소액으로 시작할 수 있다.

이에 비해 단점과 취약점은 다음과 같다.

- 세력에 의한 시장 교란과 거래 중지, 상장폐지 위험성이 있다.
- 미국 경제 상황 등 외부 충격에 취약하다.
- 개인은 공매도가 매우 제한적이다.
- 경제신문, 증권 TV, 증권카페 등 간섭 요소가 많다.
- 전문가, 유사투자 자문업체 등 시장 호객꾼, 장사꾼이 많다.

대표적인 파생상품시장인 해외선물의 경우 전 세계 투자자가 참여하기 때문에 유동성과 변동성이 풍부하다. 소수의 특정 세력이 시장을 제어하기 어려워 차트 움직임과 캔들의 형상이 깨끗한 편이다. 이에 비해 외부 영향과 세력의 개입에 취약한 국내 주식은 갑작스러운 급등이나 급락 등 불분명한 움직임이 많다. 차트만으로 판단할 때 해외선물은 거의 24시간 장이 운영되기 때문에 단타 위주의 데이 트레이딩(Day trading)[5] 및 스윙 트레이딩(Swing traing)[6] 모두에 적합하다. 하지만 국내 주식은 장 운영 시간이 짧은 데다 일일 갭(Gap)[7] 발생 빈도가 높아 스윙 트레이딩이나 장기투자가 더 적합하다.

대규모 세력에게만 유리하고 악용되는 게 문제지만, 필자가 생각하기에 주식에서 개인의 공매도가 매우 어렵다는 점은 어떤 면에서 이점으로 작용한다. 만약 다른 나라의 경우나 파생상품처럼 매수, 매도 양방향으로 거래할 수 있다면 필연적으로 매매 횟수가 늘어나게 될 것이다. 그리고 손실 시 충동 매매로 더 큰 손실을 볼 확률이 높아질 것이다.

무엇보다 파생상품시장에 비해 낮은 레버리지와 짧은 장 운영 시간은 개인 투자자가 도박성 매매에 빠질 수 있는 확률을 줄여주는 배경이 된다.

이처럼 여러 요소를 고려할 때 주식이 파생상품보다 안전한 시장임이 분명하다. 캔들매매에서의 주식투자 전략 또한 파생상품보다 단순하여 배우고 활용하는 데 드는 시간을 단축할 수 있다.

거래 가능한 국내 및 주요 해외 주식시장의 상장 종목 수는 〈표 2-2〉와 같다. 우리나라는 2018년 11월 기준, 약 2,300개의 종목이 상장되어 있다.

---

5) 하루 동안의 가격 움직임을 이용해서 매매 차익을 내는 것을 목표로 하는 단타 매매를 말한다. 당일 매수, 당일 청산을 주된 목표로 하는 데이 트레이딩에는 초단타 매매 방식인 스캘핑도 포함된다. 초단기 매매를 통해 수익을 노리기 때문에 기업의 내용에는 큰 관심이 없고, 오로지 주가의 움직임만을 분석 대상으로 하는 경향이 있다.
6) 데이 트레이딩이 하루 동안의 매매에 집중하는 반면, 스윙 트레이딩은 보다 큰 수익 목표를 달성하기 위해 하루에서 며칠, 몇 주간 보유하는 투자 활동을 말한다.
7) 전일의 고가보다 훨씬 높은 곳에서 시가가 시작하여 상승하면 두 캔들 사이에 공간적·가격적 틈이 발생하는데, 이를 갭 상승이라 한다. 갭 하락은 반대로 전일의 저가보다 훨씬 낮은 곳에서 시가가 시작하여 하락한 경우를 말한다.

표 2-2 | 거래 가능한 국내 및 주요 해외 주식시장과 상장 종목 수

국가	시장	종목 수
한국	코스피	902
	코스닥	1,290
	코넥스	146
	소계	2,338(ETF: 412 별도)
미국	뉴욕증권거래소	3,147
	나스닥	3,430
	아멕스	328
	소계	6,905(ETF: 2,188 별도)
중국	상해	1,491
	심천	2,167
	소계	3,658
홍콩	항셍	2,288(ETF: 185 별도)
일본	니케이	3,640(ETF: 222 별도)

위와 같이 국내외 5개국 시장만 보더라도 ETF 종목을 포함하면 약 2만 개가 넘는 종목을 거래할 수 있다. 이쯤 되면 좋은 종목을 골라내기는 모래사장에서 바늘 찾기와 같다. 하지만 보조지표나 펀더멘털적 요소 없이 주간 차트를 메인 모니터링 차트로 활용하는 캔들매매에서는 2만 개 이상의 종목도 별문제가 없다. 약간의 부지런만 떨면 된다.

해외 주식에 눈을 돌리지 않고 코스피, 코스닥시장의 약 2,100여 개에 달하는 국내 주식만 거래해도 무방하다. 2,100여 개 종목 중 고르고 골라 1%만 거래해도 20여 개에 이른다.

세상은 넓고 종목은 많다. 하지만 개인투자자 입장에서는 좋은 종목보다 (거래할 타이밍이) 안 좋은 종목이 훨씬 많다. 지금부터 우리가 할 일은 저 많고 많은 종목 중에서 소수의 황금알을 낳는 거위를 찾아내어 지켜보는 일이다.

3장

캔들매매
거래
준비하기

"차트의 복잡함 뒤에 숨은
단순함을 읽는 것이 기술이다."

캔들매매를 시작하는
4단계 준비 과정

주식시장에 막 입문하는 투자자로 캔들매매를 시작하려면 다음과 같은 거래 준비 과정이 필요하다.

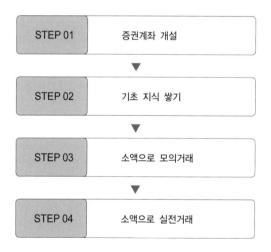

STEP 01	증권계좌 개설
STEP 02	기초 지식 쌓기
STEP 03	소액으로 모의거래
STEP 04	소액으로 실전거래

　　이미 시장에 입문했고, 실전거래 중인 투자자라면 이 책으로 캔들매매를 공부한 후 모의거래부터 적용해보기 바란다.

실전투자에 앞서 몇 개월간 모의투자를 하더라도 계좌는 먼저 정식으로 개설해 놓는 것이 좋다(정식으로 계좌를 개설한 회원에게만 모의투자를 허용하는 증권사도 많다).

계좌 개설하는 방법은 다음 세 가지가 있다.

① 증권사 또는 은행 방문을 통한 개설
② 비대면 계좌 개설: 인터넷(증권사 홈페이지)
③ 비대면 계좌 개설: 모바일(증권사 앱)

어느 것이든 편한 방법을 선택하되, 컴퓨터 활용에 익숙하지 않다면 증권사 또는 은행에 직접 방문 후 개설할 것을 추천한다(비대면 계좌를 개설하는 절차는 만만치 않게 복잡하다). 국내에는 2018년 11월 현재, 약 56개의 증권사가 있으며, 제공 기능 및 서비스 측면에서 큰 차이는 없다.

2단계 | 기초 지식 쌓기

인터넷 검색을 통해 다음과 같은 기초 지식을 쌓는 것이 좋다.

① 주식시장의 역사
② 국내외 주식시장의 종류

③ 주식과 파생상품의 기본 개념

④ 주식 용어 및 대략적인 개념

⑤ 차트의 종류, 양봉과 음봉의 기본 구조

⑥ HTS, MTS 기본 사용법

①에서 ⑤까지의 기초 지식을 쌓는 데는 하루 이틀에서 일주일 정도면 충분하다. 추세추종 전략, 엘리어트 파동, 차익거래, 시스템 매매 같은 각종 거래 기법과 이동평균선, 거래량, 호가창, 지지저항선, 추세선을 비롯한 보조지표, 보조도구에 대한 공부는 불필요하므로 무시해도 좋다. 볼린저밴드나 일목균형표 같은 보조지표 하나만 연구하는 데 몇 년씩 투자하는 투자자에 비해 시간과 노력, 비용을 아낄 수 있다.

⑥의 HTS 사용법은 해당 증권사 홈페이지를 참고하거나 직접 방문 또는 전화 문의를 통해 습득할 수 있다. 어느 증권사나 HTS 사용법은 매우 복잡하지만, 캔들매매에서 필요한 기능은 한정적이다. 처음에는 다음의 사용법만 익혀도 충분하다.

• 매수/매도 주문 방법(시장가, 지정가, 조건부 지정가, 예약 주문 등)

• 자동 주문 또는 손절매(Stop-loss)[8] 주문 방법

• 통합차트, 미니차트 등 차트 종류와 차트 환경 설정 방법

• 종목 검색 및 관심 종목 설정, 관리 방법

---

8) 주가 상승을 예상하고 매수했지만 가격이 상승하지 않는 경우 보유한 주식을 손해를 감수하고 매입 가격 이하로 파는 행위다.

• 기타 : 잔고/예수금, 주문체결/거래내역 등 확인 방법

스마트폰으로 언제 어디서나 주문과 관리가 가능한 MTS의 활용은 필수적이다. HTS보다 사용법이 비교적 단순하므로 매수/매도 주문을 위주로 한 기본 사용법을 익히도록 하자.

3단계 | 소액으로 모의투자

계좌를 개설하고 기초 지식에 대한 공부를 마쳤다면 모의투자를 할 차례다. 모의투자는 거래 증권사 홈페이지에서 신청할 수 있으며, 거래 자금은 실전투자시 투입할 자금과 비슷한 금액을 신청하도록 한다.

모의투자는 최소 3개월 이상 실시해야 하며, 수익이 나지 않더라도 근거 있는 진입과 청산을 했다면 충분하다. 모의투자를 통해 다양한 주문 실수와 기술적 미흡함을 경험할 수 있다. 그러나 실전투자 초기의 전략적·기술적 미흡함은 어쩔 수 없다 하더라도 최소한 주문 실수는 하지 말아야 한다.

모의투자를 하는 중에도 이 책의 내용을 꾸준히 공부하고, 과거 차트를 복기하며 관심 종목을 추려가도록 한다.

4단계 | 소액으로 실전투자

실전투자와 모의투자의 거래 환경은 똑같다. 다만 실전에서는 실제 돈이 오고 가기 때문에 심리적 압박감이 클 뿐이다. 특히 단타 위주로 거래하는 투자자라면 누구나 엄청난 심리적 압박과 스트레스를 경험하게 된다. 하지만 캔들매매에 입문한 이상 그런 심리적 딜레마에 빠질 필요가 없다. 장기투자, 분산투자 위주의 여유로운 방식, 시류나 시황에 흔들림 없는 코뿔소형 방식이 캔들매매의 특징이자 장점이기 때문이다.

충분한 여유 자금이 있다 하더라도 첫 6개월간은 소액으로 투자하는 것이 좋다. 6개월간 소액 투자를 통해 실력과 자신감이 붙으면 더 많은 자금을 투입하도록 한다. 만약 6개월간 수익을 내지 못했다면 다시 6개월을 연장하여 소액으로 투자해야 한다. 조급하게 자금 규모를 늘려서는 안 된다.

거래를 위한 대부분의 준비는 주말 또는 여유시간에 하면 되는데, 준비 과정은 다음과 같다.

① 신규 관심 종목 검색(시급성 기준으로 '우선–일반–장기' 등 3단계 그룹으로 나누어 등록)
② 기존 관심 종목 재평가('우선–일반–장기' 등 관심 그룹 간 종목 이동이나 관심 종목에서 삭제 등)
③ 월요일 정규장 개시와 동시에 매수가 필요한 종목은 예약/조건부 매매 주문

신규 관심 종목을 찾는 작업은 한두 달에 한 번이면 족하며, 기존에 찾아놓은 관심 종목만 틈틈이 재평가한다.

주중에 거래할 때는 장 시작 후 관심 종목의 흐름을 확인하고, 장 마감 전 30분간 집중해서 모니터링한다. 그리고 마감 직전 주문하거나 장 후 시간 외 또는 예약 주문을 활용한다.

자금 관리는 캔들매매뿐 아니라 모든 기법에 있어 기본 중의 기본으로, 투자자의 단순 덕목 중 하나가 아니라 필수 불가결의 요소다. 자금 관리가 되어야만 분산투자 또한 가능하다. 기본적인 자금 관리 원칙은 다음과 같다.

예 1) 투자 자금이 1,000만 원인 경우

한 종목당 매수 기본 투입 금액: 200만 원(투자 비중 20%)

⇒ 최대 5개 종목 매수(분산투자) 가능

⇒ 한 종목을 2회 분할 매수한다면 한 번에 100만 원씩 투입

예 2) 투자 자금이 5,000만 원인 경우

한 종목당 매수 기본 투입 금액: 500만 원(투자 비중 10%)

⇒ 최대 10개 종목 매수 가능

⇒ 한 종목에 1,000만 원을 투입한다면 4개 종목만 추가 매수 가능

이것은 표준적인 기준으로 투자 자금이 1,000만 원 이하의 소액이라면 투자 비중을 20%로 가져가고, 1,000만 원 이상이라면 투자 비중을 10%로 가져가도록 한다. 만약 1,000만 원 이상임에도 투자 비중을 20%로 가져간다면 최대 5개 종목밖에 매수할 수 없다. 물론 이런 경우도 허용할 수 있다. 하지만 한 종목당

보유 기간이 짧아도 몇 주에서 길게는 1년 이상 보유해나가는 캔들매매의 특성에 비추어 최대 5개 종목밖에 매수할 수 없다면 운신의 한계가 있다. 자금 관리와 분산투자는 반드시 지켜야 하는 절대 원칙이다.

4장

캔들매매
차트
설정하는
법

"예측하지 않는 한 예측을
벗어나는 주가 움직임이란 없다."

01 시세를 나타내는 차트의 종류

시세를 표현하는 차트의 종류는 다음과 같이 다양하다.

- 라인 차트(Line chart)
- 바 차트(Bar chart)
- 캔들 차트(Candlestick chart)
- 점수 차트(P&F chart)
- 기타: 하이킨아시 차트, 렌코 차트, 라인브레이크 차트, 삼선전환도 등

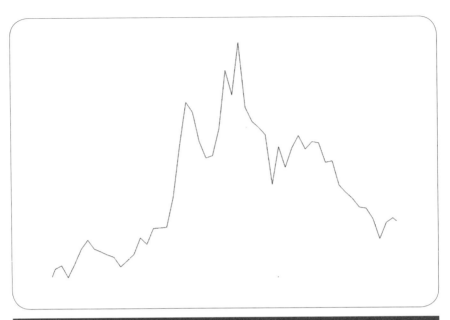

그림 4-1 | 라인 차트

그림 4-2 | 바 차트

　이 중에서 전 세계 금융시장에서 가장 많이 이용되고 있는 차트는 캔들 차트(봉 차트)다. 캔들매매 또한 캔들 차트를 기반으로 한다.

기본 모니터링
차트 설정하는 법

HTS의 기본 사용법은 어느 정도 숙지했다고 가정하고 캔들매매에서 필요한 기능만 살펴보도록 하자. 이용하는 증권사마다 제목과 기능이 조금씩 다를 수 있음을 감안하자.

HTS상의 수많은 메뉴 중 우리에게 필요한 항목은 몇 개 되지 않는다. 대표적으로 '주문', '계좌', '차트', '해외 주식', '온라인 업무', '고객센터' 등이다. 그 외 '신용/대출', '투자 정보', '조건 검색' 등은 이용하는 경우가 거의 없다.

HTS에 로그인 후 가장 먼저 할 일은 차트 환경을 설정하는 일이다. 증권사마다 조금씩 다르지만 상단의 메인 메뉴 중 '차트 → 주식 종합차트'를 클릭하면 〈그림 4-4〉와 같이 보일 것이다.

마우스를 클릭하여 차트에 기본으로 설정된 이동평균선과 거래량을 화면에서 전부 지우면 〈그림 4-5〉와 같이 보인다.

그다음 마우스 오른쪽 버튼을 클릭하여 차트 환경 설정으로 들어간 후 다

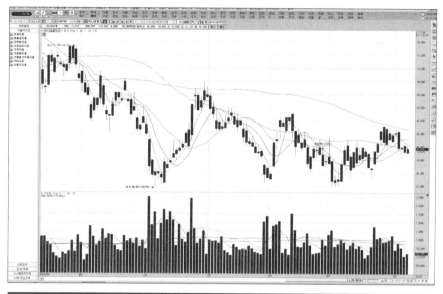

그림 4-4 | 차트 설정 1. 차트→종합차트 설정 창

그림 4-5 | 차트 설정 2. 기본 설정된 이동평균선과 거래량을 지운다

음과 같이 '① 수정주가' 항목에서 체크를 제거한다. 이때 '배당락/권리락' 항목에는 체크를 제거하지 않아도 상관없다.

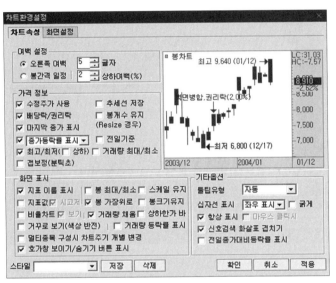

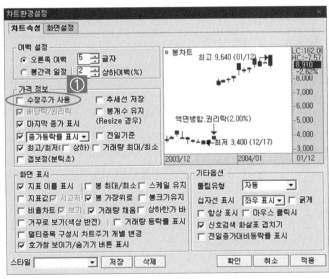

그림 4-6 | 차트 설정 3. 수정주가 사용 체크 제거

다음은 수정주가를 사용할 때와 하지 않을 때의 차이다.

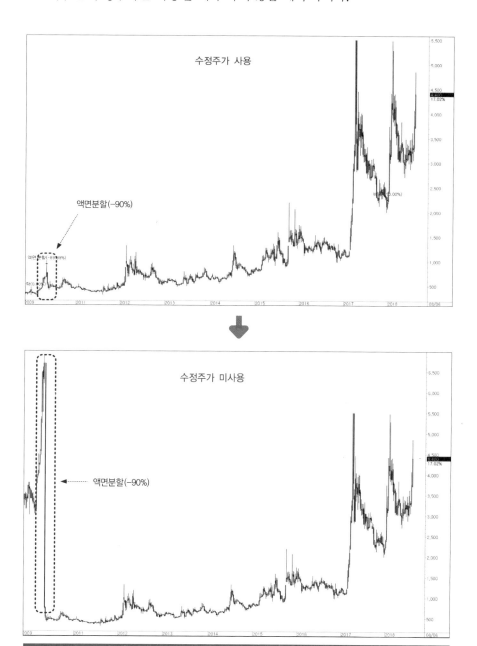

그림 4-7 | 수정주가 사용 vs. 수정주가 미사용 차트 비교

액면분할, 액면병합, 유·무상증자, 배당, 권리락 등이 발생하면 주가가 연속성을 잃고, 가격의 왜곡이 생긴다. 이때 이전 주가와 현재 주가를 시각적으로 편리하게 비교하기 위해서 일반적으로 수정주가를 적용하는 것이다.

개념적으로는 수정주가를 적용하든 적용하지 않든지 간에 주가 흐름은 동일하다. 다만, 캔들매매에서는 장기적으로 주가 흐름에 영향을 미칠 가능성이 있는 액면분할에 관심을 두고, 이후의 주가 흐름을 꾸준히 관찰하며 특이점이 있는지 살핀다. 이때 액면분할 이전과 이후 흐름을 시각적으로 쉽게 확인하기 위해 수정주가를 적용하지 않는 것이다. 결국 개념적으로 큰 하락 구간은 아니지만, 외형적으로는 그렇게 취급하는 것이다.

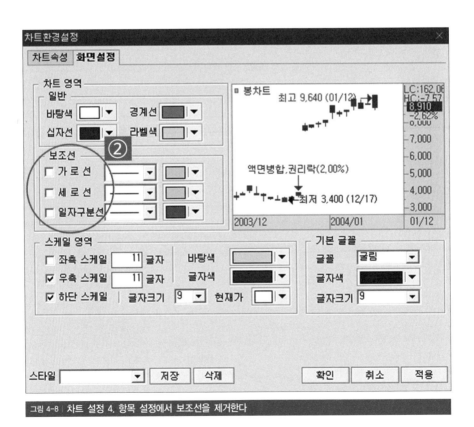

그림 4-8 | 차트 설정 4. 항목 설정에서 보조선을 제거한다

'화면설정'에서 ②와 같이 '가로선(가로 격자)', '세로선(세로 격자)', '일자 구분선(년/일 구분선)'의 항목에서 체크를 제거한다. 체크를 제거하지 않아도 상관없지만, 가격이나 시간에 시선을 뺏기지 않고 오롯이 캔들에만 집중하기 위해서다. 설정을 저장한 후 '차트틀 관리' 항목에서 차트 작업 환경 또한 저장하도록 한다.

종합 차트에서 종목을 바꿔가며 모니터링해도 되지만, 이왕이면 한 화면에 많은 종목을 동시에 모니터링할 수 있는 멀티 차트를 띄우는 게 효과적이다. 차트 환경 설정은 앞에서 설명한 순서대로 진행하되 양봉, 음봉의 색상이나 기타 기능 설정은 자신이 사용하기 편리하게 설정한다.

메인 모니터링 차트를 주간으로 통일하고, 멀티 차트에서 설정을 완료하면

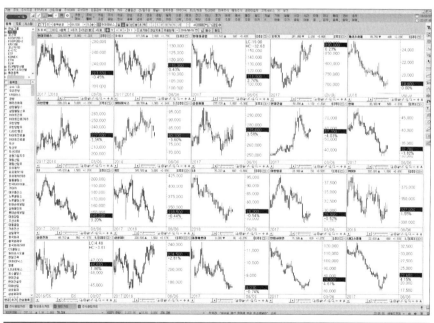

그림 4-9 | 차트 설정 5. 멀티 차트 보기

〈그림 4-9〉와 같이 보이게 된다(동시 모니터링 가능한 종목 수는 증권사 HTS마다 다르다).

모니터는 한 대로도 충분하지만 2대, 3대여도 좋다. 이때 증권사마다 멀티 차트 오픈 개수에 한계가 있으므로 다른 컴퓨터를 이용, 다중접속을 하든지, 아니면 다른 모니터에 타 증권사 HTS를 다운로드한 후 멀티 차트를 구성해도 좋다. 이런 식으로 최소 40~50개 이상의 관심 종목을 동시 모니터링할 것을 추천한다. 다음은 한 대의 모니터, 하나의 HTS에서 40개의 종목을 동시 모니터링하는 예다.

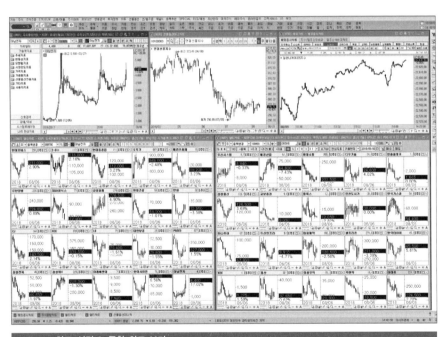

그림 4-10 │ 차트 설정 6. 통합 차트 보기

관심 그룹 설정하고 동시 모니터링하는 법

관심 그룹은 '당장 관심을 두고 모니터링할 종목', '어느 정도 시간을 두고 모니터링할 종목', '긴 시간을 두고 모니터링할 종목' 등 세 가지로 분류하는 것이 적절하다.

관심 그룹을 설정하는 방법은 〈그림 4-11〉에서처럼 먼저 ①을 클릭, 관심그룹을 ②와 같이 생성한다.

차트에서 관심 종목을 찾았다면 관심 종목 설정으로 들어가 해당 종목을 ③의 화살표를 클릭해 적당한 관심 그룹에 넣는다(〈그림 4-12〉 참고).

차트에서 관심 종목을 찾을 때는 개별 캔들이 보이지 않도록 차트를 축소해서 보아야 한다(〈그림 4-13〉 참고).

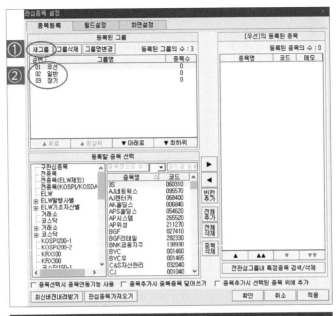

그림 4-11 | 관심 종목 설정하기

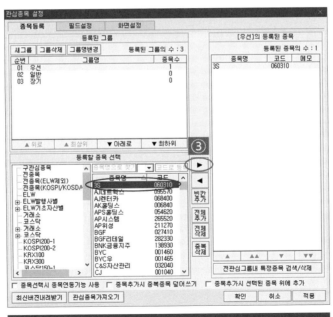

그림 4-12 | 관심 그룹 만들기

〈그림 4-13〉에서 돋보기 아이콘인 ④를 클릭하면 ⑤와 같이 종목 검색창이 뜬다. 검색에 앞서 ⑥의 아이콘을 여러 차례 클릭한 후 하단 우측에 위치한 ⑦ 'A' 아이콘을 클릭하면 차트가 최대치로 줄어든다. 이 상태에서 종목을 하나씩 넘기며 관심 종목에 담아둘 만한 종목을 찾는다. 아이콘 형태와 위치는 증권사 HTS마다 조금씩 다르다.

이처럼 축소 화면에서 먼저 파동을 분석한다. 그리고 의미 있는 파동 유형이 확인되면 차트 크기를 확대해서 캔들군과 개별 캔들 신호까지 확인한다. 파동 유형은 '6장 파동'에서 자세히 다룰 것이다.

기타 주문 및 주문 내역 확인 등 기본적인 HTS 사용법과 MTS 사용법은 각 증권사 홈페이지를 참고하거나 해당 증권사를 통해 숙지한다.

그림 4-13 | 관심 종목 찾기

5장

차별화된
캔들매매
투자전략

"투자는 수천, 수만, 수십만의 사람을 상대하는 일이다.
확고한 원칙과 기준이 없으면 매분, 매초마다 휘둘리게 된다."

성공적인 캔들매매를 위한 투자 철학

투자를 할 때 특별한 철학 없이 그저 '돈만 벌면 된다'는 식이면 작은 유혹에도 옆길로 빠져 좌충우돌하게 된다. 그로 인해 시간과 열정, 자금을 낭비하기 십상이다. 크든 작든 성공을 이루려 한다면 어떤 상황에서도 흔들리지 않는 자신만의 투자 철학이 필요하다. 투자 전략에 대한 큰 그림(Big picture) 또는 콘셉트(Concept)라고 해도 좋을 캔들매매의 기본 투자 철학은 다음과 같다.

(본업이나 일상생활에 지장이 없도록)

시간적·심리적으로 여유로운 장기투자를 한다.

(차트가 요동치든, 경제 뉴스, 지표, 전문가가 뭐라고 떠들든)

시류, 시황에 휩쓸리지 않는다.

(수익이 나든 손실이 나든)

일희일비하지 않는다.

캔들매매만의
다섯 가지 투자 전략

한가로이 노니는 학과 같이 한운야학(閑雲野鶴)하며 일격필살의 큰 수익을 노리는 캔들매매의 기본 투자 전략은 다음 다섯 가지다.

캔들매매 투자 전략 ❶

아무런 보조지표 없이 캔들 위주로 흐름을 읽으며
확률적으로 유리한 구간, 타이밍에서만 거래를 시도한다.

캔들매매 투자 전략 ❷

기술적, 개념적으로 바닥을 친 종목 위주로 거래하며
급등하기 전의 종목을 노린다.

캔들매매 투자 전략 ❸

분산투자한다.

캔들매매 투자 전략 ❹

최소 몇 주에서 몇 년까지 장기투자한다.

캔들매매 투자 전략 ❺

매수와 동시에 손절매를 설정하며
사전 시나리오에 없는 한 손실 시 추가 매수하지 않는다.

이동평균선, 볼린저밴드, 일목균형표와 같은 일반적인 보조지표는 물론, 거래량, 호가창, 지지저항선, 추세선, 엘리어트 파동, 피보나치 같은 요소 또한 활용하지 않는다. 말 그대로 백지 상태의 화면에서 캔들 차트만을 이용해 시세의 흐름을 읽는다.

시중의 거의 모든 매매 기법은 '추세'를 맞추기 위한 노력에 집중한다. 하지만 캔들매매에서는 추세는 맞출 수 없으며, 맞출 필요도 없는 대상으로 여긴다. 추세에 대한 관점과 집착을 완전히 버릴 때 비로소 (상승하든 말든) 어디가 매매에 유리한 구간인지, 그리고 성공 확률이 높은 타이밍인지 몰두할 수 있게 된다.

그림 5-1 | 일반적으로 투자자들이 이용하는 차트: LG(003550) 일간 차트

대다수 투자자가 이용하는 차트 화면은 〈그림 5-1〉과 같을 것이다.

HTS가 제공하는 대로 이동평균선과 거래량을 기본으로 탑재하며, 이곳저곳에 지지저항선과 추세선을 긋기도 한다. 그리고 볼린저밴드, 일목균형표, 피보나치 같은 보조지표를 추가하기도 한다. 차트가 온통 보조지표, 보조도구로 도배되며, 온갖 보조지표로 어지러운 차트가 마치 고수의 덕목쯤으로 여겨진다.

이에 비해 백지 상태의 차트는 〈그림 5-2〉와 같다.

이동평균선, 거래량을 비롯한 각종 보조지표를 걷어내면 시세 흐름을 있는 그대로 읽어 내려갈 수 있다. 캔들과 그 캔들로 구성된 캔들군 그리고 파동이 시세의 원류이자, 실시간 지표이기 때문이다.

다만, 확률적으로 매매하기 유리한 구간은 전체 차트의 극히 일부분에 지나지 않는다. 이런 구간은 〈그림 5-3〉과 같이 사전에 미리 정의한 파동, 캔들군, 캔들의 조합으로 찾아낸다.

그림 5-2 | 캔들매매에서 이용하는 차트: LG(003550) 일간 차트

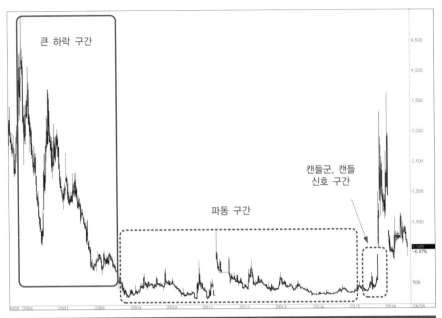

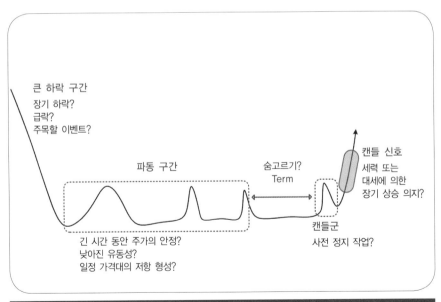

기술적, 개념적으로 바닥을 친 종목 위주로 거래하며
급등하기 전의 종목을 노린다.

급락, 장기간 하락 또는 액면분할 이후 길게 횡보하는 종목 중에서 특정 유형의 파동을 골라낸 다음 캔들군, 캔들 신호를 조합하여 확률적 베팅을 한다. 이때 회사의 규모, 명성, 호감도에 관심을 두거나 가산점수를 주지 않는다. 국내 주식이든 해외 주식이든, 코스피 종목이든 코스닥 종목이든 따지지 않고 오로지 차트로만 가치를 평가한다.

서서히 때가 무르익어감에 따라 확률적으로 장기 상승할 가능성이 크거나, 급등 가능성이 큰 종목(급등 전 주)을 미리 매수하고 기다린다. 이미 어느 정도 상승한 종목이나 상한가를 두 번 연속 기록한 종목은 추격하지 않는다.

기술적·개념적으로 바닥을 친 차트의 대표적 유형은 〈그림 5-5〉, 〈그림 5-6〉과 같다. 이런 유형의 차트를 관심 종목에 담아둔 후 위치적·형태적으로 의미 있는 캔들군, 캔들의 신호를 찾아 매수에 나선다.

유형적으로 보면 최고점으로부터 급락 또는 장기 하락 후 바닥에 낮게 깔려 길게 횡보하는 모양새다. 이러한 유형의 종목은 '기술적 저평가주'로 말할 수 있다. 기술적 저평가주란 '주가가 저평가되어 있으므로 상승 가능성이 크다'라는 뜻이 아니라, 매수 신호가 출현하면 장기 매수에 나설 수 있는 '관심 종목'으로 이해해야 한다.

기술적 저평가주로 판단되면 관심 종목에 담아두고 매주 캔들이 완성될 때

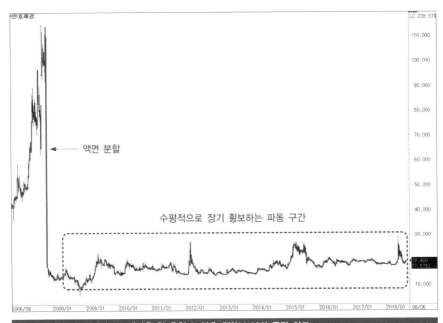

마다 의미 있는 캔들 신호를 찾아본다. 의미 있는 캔들 신호는 '8장 캔들'에서 자세히 다룰 것이다.

다음과 같은 유형의 종목은 상승하든 말든 해석하지 않는다.

- 이미 어느 정도 상승한 종목
- 장기 상승 중인 종목
- 장기 상승 후 보합/횡보[9] 중인 종목
- 장기 하락 후 보합/횡보 초기인 종목

이미 어느 정도 상승한 종목

기술적 저평가주 또는 이와 유사한 뉘앙스의 종목(급락 후 장기 횡보한 종목 등)에서 저점으로부터 이미 어느 정도 상승한 종목이면 추격 매수를 포기한다. 캔들 신호가 없는 경우는 말할 것도 없고, 이전에 의미 있는 캔들 신호가 있었다고 할지라도 해당 매수 신호로부터 이미 멀리 떨어진 위치까지 상승했다면 추격 매수하지 않는다(〈그림 5-7〉 참고).

장기 상승 중인 종목

몇 달, 몇 년 동안 꾸준히 상승하고 있는 종목은 해석과 대응을 시도하지 않는다(〈그림 5-8〉 참고).

---

9) 캔들매매에서 보합은 상승이나 하락 후 수평적이든 비수평적이든 위아래로 크게 흔들며 움직일 때를 의미한다. 횡보는 상승이나 하락 후 수평적 또는 수평에 가깝게 움직이되 위아래 폭이 그리 크지 않을 때를 의미한다. 이 둘의 차이는 그리 크지 않으며, 명확한 구분 또한 불필요하다.

장기 상승 후 보합/횡보 중인 종목

몇 달, 몇 년 동안 장기 상승한 후 하락 중이거나 최고점과 저점 사이 중간 지점에서 보합/횡보하고 있는 종목은 관심을 두지 않는다(〈그림 5–9〉, 〈그림 5–10〉 참고).

장기 하락 후 보합/횡보 초기인 종목

급락 또는 장기 하락 후 이제 막 보합이나 횡보하기 시작한 종목은 해석 대상으로 삼지 않는다. 액면분할 후의 보합, 횡보 초기 구간 또한 마찬가지다(〈그림 5–11〉 참고).

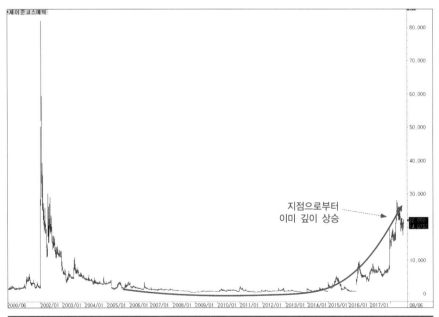

그림 5-7 | 이미 어느 정도 상승한 종목: 제이준코스메틱(025620) 주간 차트

장기 상승 중

그림 5-8 | 장기 상승 중인 종목: SK하이닉스(000660) 주간 차트

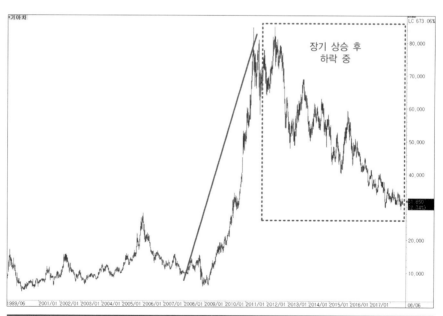

장기 상승 후
하락 중

그림 5-9 | 장기 상승 후 하락 중인 종목: 기아차(000270) 주간 차트

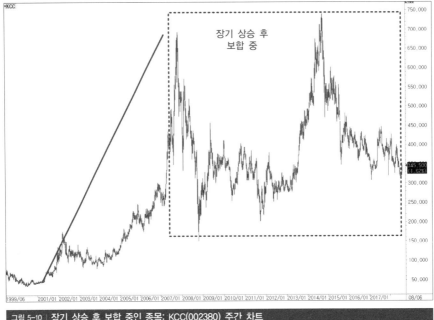

장기 상승 후
보합 중

그림 5-10 | 장기 상승 후 보합 중인 종목: KCC(002380) 주간 차트

장기 하락 후
보합/횡보 초기

그림 5-11 | 장기 하락 후 보합/횡보 초기 종목: 한화갤러리아타임월드(027390) 주간 차트

혹자는 이런 구간을 다 걸러내면 도대체 어디서 매수하고, 언제 수익을 내느냐고 반문할지 모른다. 단타 매매의 습관에 젖어 있거나, 매수 포지션을 갖고 있지 않으면 불안한 일종의 '포지션 병(病)' 환자라면 더 그럴 것이다.

물론 이런 유형의 차트에도 매수 기회는 분명 존재한다. 다만 이 책은 시장 입문자의 눈높이에 맞춰 쓰였기 때문에, 다양한 유형의 해석 기준을 모두 소개하지는 않을 것이다. 잠재적인 종목이 여전히 많은 상황에서 확률적으로 조금이라도 더 안전한 유형의 종목에 집중하는 것이 낫기 때문이다.

캔들매매 투자 전략 ❸

분산투자한다.

수많은 주식 격언 중 캔들매매에서 인용하는 거의 유일한 격언은 '계란을 한 바구니에 담지 마라'이다. 분산투자하면 성공 확률도 높아지고, 심리도 안정된다. 시중의 많은 투자자가 한두 종목에 올인(All-in)하여 빨리 큰 수익을 내기 원한다. 하지만 이런 방식은 순식간에 쪽박을 찰 가능성도 그만큼 크다.

분산투자의 기본 원칙은 자금을 1/10로 쪼개는 것이다. 이는 최대 10개 종목을 동시 보유할 것을 염두에 둔 조치다. 즉 한 종목당 투자 비중을 약 10%로 가져간다(1,000만 원 이하의 소액 투자는 20%까지 허용).

캔들매매의 주 모니터링 차트는 주간 차트로 일주일에 한 개의 캔들이 완성되는 시간 차트다. 이에 따라 매수 후 기대 수익을 취하기 위해서는 장기간 보유할 수밖에 없다.

기대 수익은 기본적으로 3배(200% 증가)의 수익이다. 파동, 캔들군, 캔들의 형성 위치 또는 유형이 비전형적이어서 단기 수익이 유리할 때는 2배(100% 증가) 수익을 목표로 한다.

주문은 캔들이 완성되는 장 마감 직전이나 장 전/장 후 시간 외 주문을 활용한다. 예약 주문을 활용할 때도 많다. 틈날 때마다 차트를 확인할 필요가 없으며, 본업이 있다면 더욱더 그래야 한다.

손절매는 기본 중의 기본이며, 잦은 손절매도 상관없다. 산술적으로 마이너스 10%씩 19번을 손절매 당해도 20번째 매수한 종목이 200% 수익을 내면 이전의 손실을 모두 복구하게 된다. 일간, 주간 모두 기본 손절매 허용 폭은 −10%이며, 허용 손절매 폭 내에 들어오지 않는 상황이라면 최대 −20%까지 가능하다.

사전 계획된 시나리오에 의한 3회 이내의 분할 매수가 아니라면 손실 시 추가 매수에 나서서는 안 된다. 설령 매수한 종목에서 수익이 나더라도 그런 식의 충동 매매는 장기적으로 도움이 되지 않기 때문이다.

캔들매매의 기본 투자 전략을 다시 한번 정리해보자.

① 어떠한 보조지표도 활용하지 않는다.

→ 후행성 보조지표가 아니라, 시세의 원류이자 즉각적으로 반영하는 캔들과 이런 캔들로 구성된 캔들군, 파동으로 긴 수익을 노릴 수 있는 확률 높은 매수 지점을 찾는다.

② 장기 상승 가능성이 큰 종목 위주로 거래한다.

→ 큰 하락 또는 액면분할 이후 몇 년씩 장기 횡보하는 종목일수록 장기 상승할 가능성이 있다. 이처럼 저평가되었거나 또는 기술적으로 바닥을 치거나 다진 종목에 집중한다.

③ 자금을 분산한다.

→ 한두 종목에 올인하는 등 도박, 대박 심리로 접근하지 말고 안전을 최우선으로 한다.

④ 장기투자한다.

→ 시간적·심리적으로 여유로운 투자를 함과 동시에 매매 횟수 대비 수익률을 극대화한다.

⑤ 손절매 원칙을 지키고 물타기[10]를 하지 않는다.

→ '미래 주가는 그 누구도 예측할 수 없다'는 명제에 충실함으로써 집착과 미련을 내려놓고 확률적 마인드로 접근한다.

이 외에도 캔들매매에서는 경제 뉴스, 지표, 테마주 및 재료, 전문가의 추천 등을 철저히 배제한다. 그럼으로써 시류에 흔들리지 않고, 자신만의 원칙과 투자 철학을 지켜나가는 투자자가 될 수 있다.

개인투자자가 성공하는 데 금융 지식의 수준은 무관하다. 경제, 금융에 대해 공부하거나 정보 취득을 위해 노력할 시간에 역사, 철학, 문학 같은 인문학을 공부하는 게 더 낫다. 투자의 본질과 삶의 본질은 많은 부분에서 일맥상통하기 때문이다.

투자, 매매의 핵심은 '기준과 근거'다. 수학 공식처럼 완벽할 수 없고, 완벽해서도 안 되지만 어느 정도 구체화는 필요하다. 그렇지 않으면 감에 의한 매매, 즉 충동 매매와 뇌동 매매로 계좌가 남아나질 않게 된다. 투자에 영향을 미치는 요소는 너무나 많아서 기준과 원칙이 없다면 쉴 새 없이 흔들리고 무너질 수밖에 없다.

예를 들어 매수 후 꾸준히 상승하고 있는 종목임에도 식사 중 우연히 봤던 TV 뉴스, 경제신문의 기사 한 줄 때문에 충동적으로 청산해버릴 수 있다. 또한 이전에는 들어보지도 못한 종목이었음에도 지인의 자신 있는 추천에 별 생각 없

---

10) 매입한 주식의 가격이 하락할 때 주식을 추가로 매입하여 평균 매입단가를 낮추려는 행위를 일컫는다. 주가가 상승하면 큰 이익을 얻지만, 반대로 주가가 하락하면 큰 손실을 보거나 투자 원금을 날리게 된다. 물타기 전략을 시도하는 대다수 투자자는 손절매를 거의 하지 않으며, 손절매가 싫어 물타기에 나서는 경우가 많다.

이 매수 후 큰 손실을 볼 수도 있다. 심지어 그날의 기분, 건강 상태, 자금 상황에 따라 매매 행위와 결과가 오락가락하게 된다. 투자에 관한 새로운 뉴스와 정보는 차고 넘치기 때문에 적절히 걸러내기도 어렵고, 이로 인해 결국 심리적으로 나약한 투자자가 되고 만다.

이런 혼란과 오류를 최대한 방지하기 위해서는 '기준과 근거'가 필요하다. 투자 전략이 큰 그림이자 원칙이라면, 기준과 근거는 실질적인 기술이다. 이제부터는 이런 기술에 대해 살펴보도록 하자.

6장

파동

"상승 파동, 하락 파동, 큰 파동, 작은 파동, 급한 파동,
완만한 파동…. 파동에는 인생사가 녹아 있다."

01 파동의 종류와 해석 방법

시장 입문자가 처음 접하거나 흔히 접할 수 있는 파동의 종류는 다음과 같다.

● 엘리어트 파동[11]

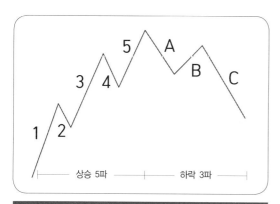

그림 6-1 | 엘리어트 파동의 기본 형태

---

11) 주가는 연속적인 파동에 의해 상승하고, 다시 하락함으로써 상승 5파와 하락 3파의 P개 파동으로 구성된 하나의 사이클을 형성한다.

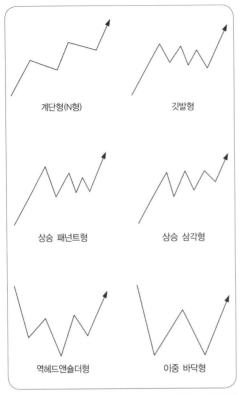

계단형(N형)　　　　깃발형

상승 패넌트형　　　상승 삼각형

역헤드앤숄더형　　　이중 바닥형

그림 6-2 | 다양한 파동 패턴들

● 다양한 파동 패턴들: 계단형, 깃발형, 패넌트형, 삼각형, (역)헤드앤드숄더, 이중 바닥형 등(〈그림 6-2〉 참고)

하지만 이 시간 이후로 이런 것들은 모두 잊어버리도록 하자. 이름은 들어봤지만 내용을 잘 몰라도 마찬가지다. 모두 무시하기 바란다.

파동은 명확히 정의내릴 수 있는 대상이 아니다. 하지만 캔들매매에서는 주간 또는 일간 차트상의 캔들 차트를 (개별적인 캔들이 보이지 않게끔) 선에 가깝게 최대한 줄인 상태에서 시각적으로 다른 구간과 뚜렷이 구분되는, 상승과 하락을 한 차례씩 기록한 구간을 파동으로 정의한다(거꾸로 먼저 하락한 후 상승한 파동

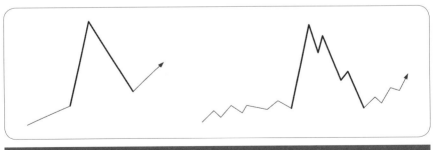

그림 6-3 | 하나의 파동

은 파동으로 해석하지 않는다).

참고로 파동의 기본적인 정의가 그렇다는 것일 뿐 실제 차트에서 모든 파동을 일일이 구분하거나 해석할 필요는 없다.

이 책에서는 다음과 같이 차트를 네 가지 파트로 구분하여 해석한다.

① 큰 하락 구간
② 수평적 파동 구간
③ 캔들군 구간
④ 캔들 패턴(캔들 신호)

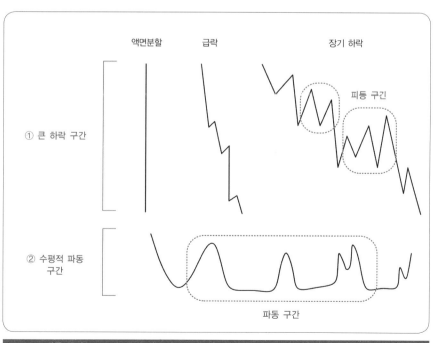

그림 6-4 | 파동 구간

①은 파동으로 이루어질 수도 있고(액면분할 등으로 한 번에 급락하거나 사선에 가깝게 서서히 하락한 경우) 파동이 아닐 수도 있다. 이에 비해 ②는 분명한 파동 구간(2개 이상의 복합 파동으로 구성된 구간을 파동 구간이라 칭한다)이다.

〈그림 6-4〉에서 '① 큰 하락 구간'과 '② 수평적 파동 구간'이 확인되면 관심 종목에 담아두고 유효한 캔들군과 캔들 신호를 찾아 매수에 나선다. 수평적 파동 구간은 '수평적 뉘앙스로 장기 보합 또는 횡보하는 파동 구간'의 줄임말이다. 이번 장에서는 ①과 ②를 살펴볼 것이다.

체크해야 할 파동 ①
큰 하락 구간

최고점 또는 이전 고점으로부터 한 번에 깊이 또는 긴 시간 동안 하락한 상황이다. 모니터 화면에서 차트를 최대치로 줄였을 때 현 시점으로부터 최고점 또는 이전 고점이 매우 멀리 떨어져 있어야 한다.

큰 하락 구간은 다른 구간에 비해 인지하기 쉽다. 물론 깊이 수준을 모호하게 받아들일 수도 있는데, 이 책에서 인용한 수많은 예제 차트를 통해 그 범위를 가늠해보기 바란다.

큰 하락 구간에는 다음의 세 종류가 있다.

- A형: 액면분할
- B형: 급락
- C형: 장기 하락

A형: 액면분할

'4장 캔들매매 차트 설정하는 법'에서 살펴본 것처럼 캔들매매에서는 수정 주가를 채택하지 않는다. 이에 따라 해당 상장사에서 액면분할을 하면 차트에는 매우 큰 하락 갭 또는 장대음봉[12]이 생겨난다.

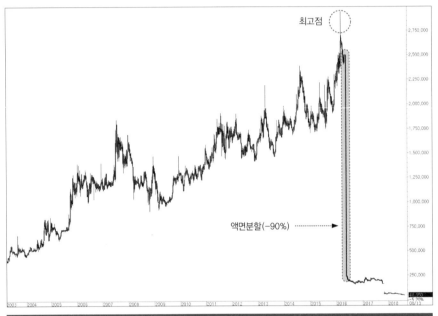

그림 6-5 | 액면분할에 의한 큰 하락 구간 1. 롯데지주(004990) 주간 차트

---

12) 캔들매매에서는 장대음봉과 장대양봉은 별도로 해석하지 않는다. 또한 시중에서 말하는 장대음봉, 장대양봉보다 그 크기가 몇 배~수십 배 이상 큰 캔들만을 대상으로 한다.

차트에서 보이는 것과 달리 액면분할은 실질적으로 주가가 하락한 구간
은 아니다. 하지만 캔들매매에서는 액면분할도 큰 하락 구간의 한 종류로 취
급한다.

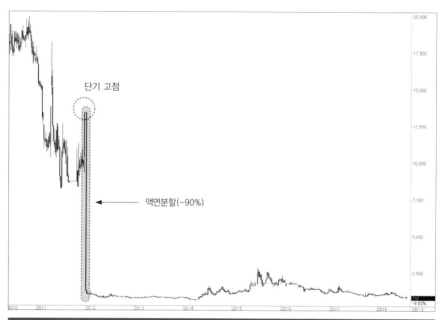

그림 6-6 │ 액면분할에 의한 큰 하락 구간 2. 보해양조(000890) 주간 차트

B형: 급락

급락은 최고점 또는 이전의 단기 고점으로부터 (장대음봉이 포함될 수 있는) 큰
음봉군 위주로 짧은 기간 내에 하락한 구간을 의미한다.

그림 6-7 | 급락에 의한 큰 하락 구간 1. 삼양통상(002170) 주간 차트

〈그림 6-8〉에서는 장대음봉은 포함되지 않았다. 하지만 큰 음봉군 위주로 약 1년이라는 짧은 기간 내에 하락한 예다.

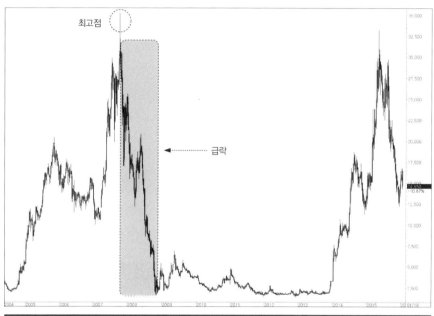

그림 6-8 | 급락에 의한 큰 하락 구간 2, 삼호(001880) 주간 차트

C형: 장기 하락

장기 하락은 말 그대로 (주간 차트 기준, 몇 년 정도의) 긴 시간을 두고 서서히 또는 일정한 기울기로 하락한 구간이다. 중간중간 급락 구간이 포함될 수도 있다.

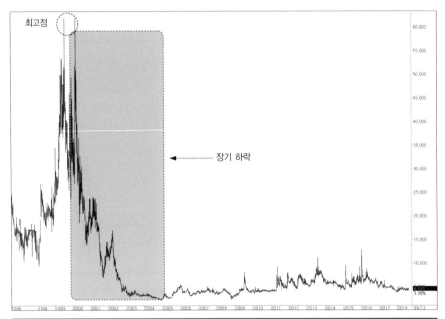

그림 6-9 | 장기 하락에 의한 큰 하락 구간 1. 하이트론(019490) 주간 차트

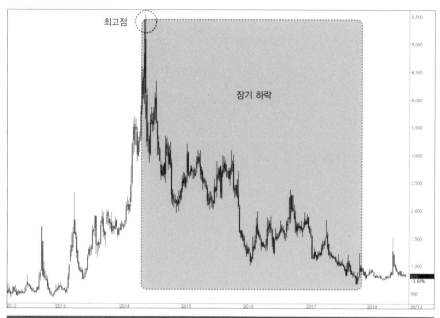

최고점

장기 하락

그림 6-10 | 장기 하락에 의한 큰 하락 구간 2. 이스타코(015020) 주간 차트

　　이해를 돕기 위해 세 가지 유형으로 분류했다. 하지만 실전에 적용할 때에
는 굳이 'A형', 'B형'으로 이름 부르거나 구분할 필요 없이 '큰 하락 구간'으로
통칭하면 된다.

체크해야 할 파동 ②
수평적 파동 구간

파동 크기는 작은 파동과 큰 파동으로 분류할 수 있다. '작은 크기의 파동', '큰 크기의 파동' 사이에는 '비교적 큰 크기의 작은 파동', '비교적 작은 크기의 큰

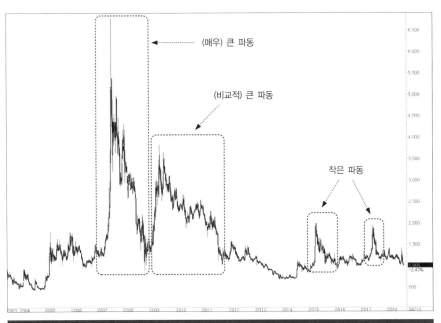

그림 6-11 | 파동의 크기에 따른 구분: SK증권(001510) 주간 차트

파동', '중간 크기의 파동' 등 때에 따라, 사람에 따라 파동 크기가 다르게 해석되기도 한다. 또한 다른 파동 크기와 비교해야 하는 등 상대적이기도 하다. 하지만 수평적 파동 구간, 캔들군, 캔들 신호의 해석에 있어 이런 세부적이고 정확한 분류는 중요하지 않으므로 신경 쓰지 않아도 된다.

차트를 해석할 때 파동 크기보다 중요한 요소가 파동 폭의 급한 정도이다. 파동 폭에 따라 '급한 파동'과 '완만한 파동'으로 나뉜다.

수평적 파동 구간이란, 큰 하락 구간 이후 전체적으로 파동이 수평적으로 보합 또는 횡보하는 듯한 파동 구간을 말한다. 이때 '수평적'이란 완전한 수평을 의미하는 것이 아니라, '대체로 그러한 뉘앙스'에 가깝다. 즉 옆으로 길게 움직이는 듯한 형상일 때도 있지만, 저점으로부터 단기 상승한 후 옆으로 움직이거나 저점으로부터 단기 하락한 후 옆으로 움직이는 형상일 수도 있다.

수평적 파동 구간은 주간 차트 기준, 수평적 움직임이 시작된 '수평 판단 시작점'으로부터 최소 몇 년의 시간이 지나야 하며(일반적으로 4~5년 이상), 앞부분을 '초반부', 뒷부분을 '후반부'로 구분한다.

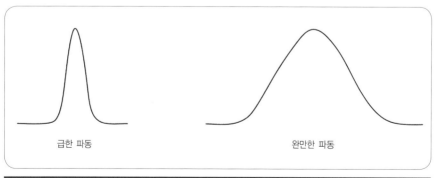

급한 파동　　　　　　　완만한 파동

그림 6-12 | 파동 폭에 따른 구분

수평적 파동 구간의 후반부가 '급한 파동' 이후 횡보하는 상황일 때 전형적이고 신뢰성 높은 캔들(군) 신호가 나타난다.

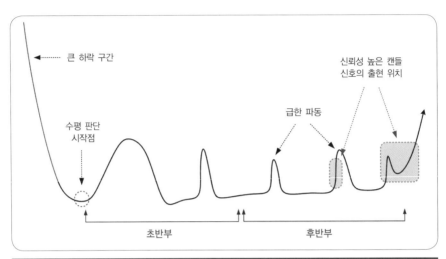

그림 6-13 │ 수평적 파동 구간(표준형)

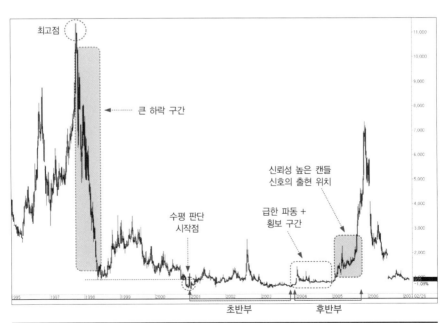

그림 6-14 │ 수평적 파동 구간(응용형 ②): 동원금속(018500) 주간 차트

수평적 파동 구간을 초반부와 후반부로 나눈 이유는 단순하다. 수평적 횡보가 시작된 지 얼마 지나지 않은 초반부보다 긴 시간의 횡보를 거친(긴 시간을 거쳐 주가가 안정되거나 더는 깊이 하락하지 않은) 후반부에서 출현하는 캔들군, 캔들 신호의 신뢰성이 더 높을 수밖에 없기 때문이다.

이런 단순한 이유로 수평적 파동 구간을 초반부와 후반부로 나눴지만, 경계가 어디까지인지 명확히 구분할 필요는 없다. 관련 도식과 이 책에서 인용한 다양한 예제 차트를 통해 대략적인 경계를 가늠해보기 바란다.

수평적 파동 구간이라도 다음과 같이 완만한 파동 위주라면 유효한 캔들 신호가 출현하기 어렵고, 출현하더라도 신뢰성이 떨어진다. 전후에 수평적 횡보 캔들군을 거느린 급한 파동이 형성될 때까지 완만한 파동 위주로 구성된 수평적 파동 구간은 전체를 초반부로 판단한다.

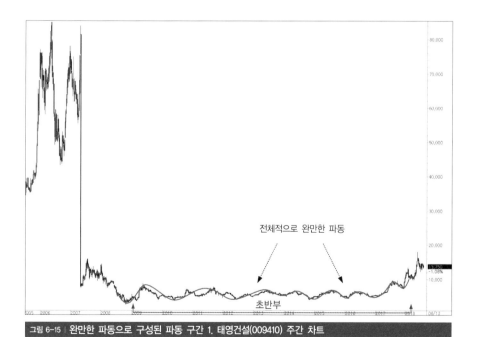

그림 6-15 | 완만한 파동으로 구성된 파동 구간 1. 태영건설(009410) 주간 차트

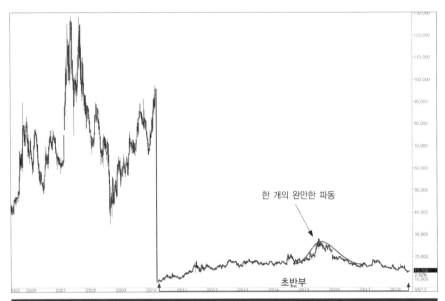

한 개의 완만한 파동

초반부

그림 6-16 │ 완만한 파동으로 구성된 파동 구간 2, 현대그린푸드(005440) 주간 차트

실제 차트에는 큰 파동과 작은 파동, 급한 파동과 완만한 파동이 적절히 또는 어지럽게 섞여 있을 가능성이 크다. 따라서 각각의 파동을 하나씩 떼어내어 정확히 구분할 필요는 없다. 대신 어떤 유형의 파동 위주로 구성되었는지 전체적인 뉘앙스[13]를 살펴야 한다.

수평적 파동 구간에서 중요한 요소는 급한 파동인 깔짝대는[14] 파동(깔짝 파동)이다. 깔짝 파동은 수평적으로 횡보하던 중 갑자기 상승하다가 다시 하락하

---

13) 차트에서 정확함, 분명함이란 존재하지 않는다. 오로지 '확률적으로 그럴 가능성이 큰' 상황만 존재할 뿐이다. 파동, 캔들군, 캔들의 위치적·유형적 상황도 마찬가지다. 전형적인 것들도 있지만, 비전형적인 것들이 훨씬 많다. 따라서 정확함, 분명함을 요구하면 모든 상황이 헷갈리고 딜레마에 빠지게 된다. 단지 '확률적 뉘앙스'를 따져 가볍게 해석하고 대응하면 된다. 뉘앙스는 (전형적인 유형은 아니지만) '그런 비슷한 느낌' 정도의 의미다.
14) 캔들매매에서 '깔짝대다'는 두더지 게임의 두더지처럼 가만히 있다가 갑자기 튀어 오르는, 그러다 다시 쏙 들어가는 파동의 움직임을 표현하는 단어다.

는 파동이다. 대부분의 경우 작은~중간 크기의 급한 파동이고, 큰 캔들군 또는 긴 위 꼬리 캔들 위주로 구성된다. 한 세트의 깔짝 파동이 되기 위해서는 전후로 수평적 또는 수평에 가깝게 횡보하는 캔들군이 있어야 한다. 깔짝 파동은 (본격적인 상승 개시에 앞서) 세력의 시장 반응 떠보기 또는 장난 흔적일 수도 있다. 마이너 세력의 어설픈 상승 시도 또는 투자자들의 성마른 시장 참여나 탈출의 흔적일 수도 있다. 실질적으로 어떤 내력이 숨어 있는지 분석할 필요는 없다. 다만, 긴 수평적 횡보 구간에서의 깔짝 파동은 가짜 매수세를 걸러내고 시장을 정화함으로써 이후 본격적인 상승을 끌어내는 촉매제 역할을 한다. 깔짝 파동의 표준 및 유사 유형은 〈그림 6-17〉과 같다.

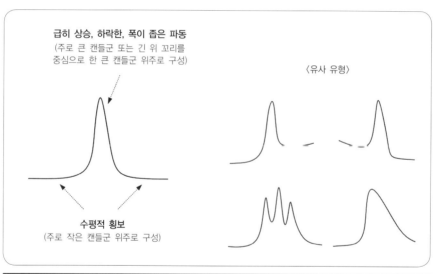

급히 상승, 하락한, 폭이 좁은 파동
(주로 큰 캔들군 또는 긴 위 꼬리를
중심으로 한 큰 캔들군 위주로 구성)

〈유사 유형〉

수평적 횡보
(주로 작은 캔들군 위주로 구성)

그림 6-17 | 깔짝 파동의 유형

여기서 잠깐! 큰 캔들군과 작은 캔들군, 꼬리군의 차이를 알아보자.

먼저 큰 캔들군은 몸통이 큰 캔들 위주로 구성된 캔들군이며, 작은 캔들군은 몸통이 작은 캔들 위주로 구성된 캔들군이다.

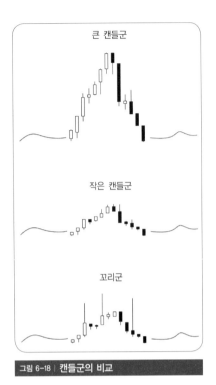

그림 6-18 | 캔들군의 비교

꼬리군은 몸통이 크든 작든 관계 없이 하나 또는 여러 개의 긴 위 꼬리 캔들을 중심으로 모여 있는 캔들군을 의미한다.

해석 대상으로 삼는 꼬리군은 대부분 긴 위 꼬리 위주로 구성된 꼬리군이다. 또 큰 캔들군 위주의 깔짝 파동보다 긴 위 꼬리 캔들 위주의 깔짝 파동의 신뢰성이 더 높다. 이는 수평적 파동 구간의 유형이 다소 미흡하거나 모호하더라도 후반부 이후 꼬리군이 형성되면 관심 종목에 담아둘 수 있다는 의미다.

깔짝 파동에는 다음의 두 종류가 있다.

- 큰 캔들군 위주의 깔짝 파동
- 긴 위 꼬리 캔들 위주의 깔짝 파동

큰 캔들군 위주의 깔짝 파동

큰 양봉군 위주로 상승한 다음 큰 음봉군 위주로 하락한 파동이다. 하락 구간은 작은 캔들군 위주로 구성되어도 상관없지만, 상승 구간은 반드시 큰 양봉군 위주, 즉 급한 상승으로 이루어져야 한다.

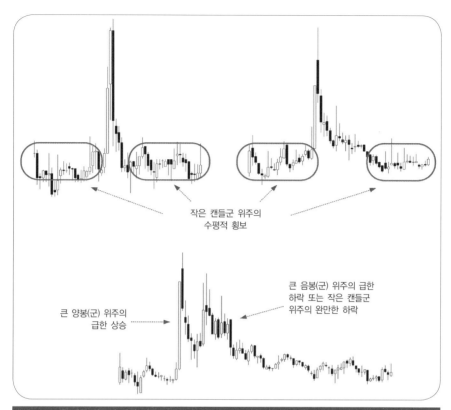

그림 6-19 | 큰 캔들 위주의 깔짝 파동

긴 위 꼬리 캔들 위주의 깔짝 파동

한두 개 또는 여러 개의 긴 위 꼬리를 중심으로 모여 있는 캔들군이다. 파동
이라 하기도 어려울 정도로 작은 파동으로 구성될 수도 있다. 또한 여러 개의 위
꼬리로 구성될 경우 큰 파동이 될 수도 있다. 사실상 큰 캔들군 위주의 깔짝 파
동과 구분이 무의미할 때가 많다.

긴 수평적 보합/횡보 움직임을 지나 시세가 분출할 만한 타이밍에 접어든
위치(후반부)에서 깔짝 파동이 확인되면 수평적 파동 구간으로 분류하고 관심 종
목에 담아둔다.

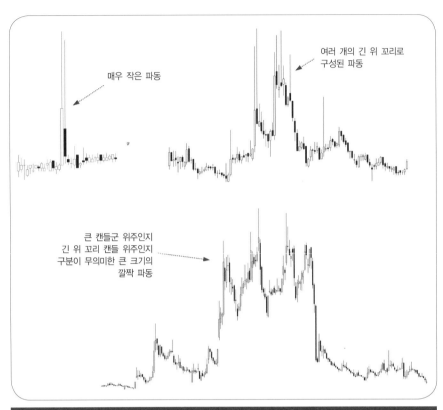

여러 개의 긴 위 꼬리로
구성된 파동

매우 작은 파동

큰 캔들군 위주인지
긴 위 꼬리 캔들 위주인지
구분이 무의미한 큰 크기의
깔짝 파동

그림 6-20 | 긴 위 꼬리 캔들 위주의 깔짝 파동

깔짝 파동은 직전 파동의 하락 구간으로부터 어느 정도 거리를 둔 상태에서 시각적으로 확연히 눈에 띄어야 한다. 그렇지 않으면 단순 보합 구간의 의미 없는 파동에 지나지 않을 가능성이 크다(《그림 6-21》 참고).

수평적 파동 구간은 여섯 가지 유형으로 나뉜다(《그림 6-22》 참고). 그런데 형태는 조금씩 달라도 개념은 대동소이하기에 서로 간의 명확한 구분은 불필요하다.

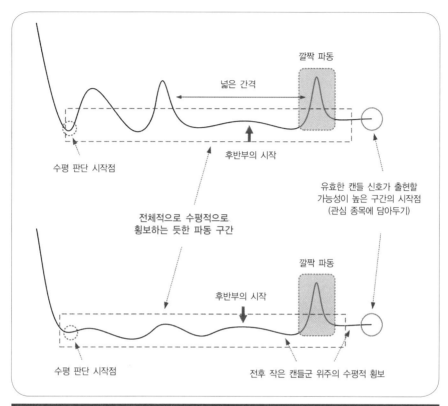

넓은 간격

깔짝 파동

후반부의 시작

수평 판단 시작점

유효한 캔들 신호가 출현할
가능성이 높은 구간의 시작점
(관심 종목에 담아두기)

전체적으로 수평적으로
횡보하는 듯한 파동 구간

깔짝 파동

후반부의 시작

수평 판단 시작점

전후 작은 캔들군 위주의 수평적 횡보

그림 6-21 | 깔짝 파동이 나타나는 위치

가장 기본이 되는 표준형은 별다른 큰 파동 없이 작은 크기의 파동 위주로
길게 횡보하는 파동 구간이다. 큰 하락 구간 이후 바닥에 낮게 깔려 횡보하는
모양새라 할 수 있다. 즉 고점과 저점 사이의 간격이 비교적 좁은 구간에서 주간
차트 기준, 몇 년 이상 횡보한 유형이다.

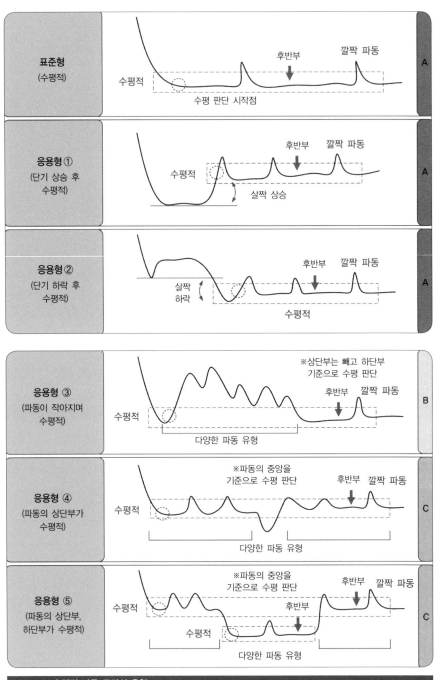

그림 6-22 | **수평적 파동 구간의 유형**

표준형으로부터 다섯 종류의 응용형이 파생된다. 응용형은 이전 저점 또는 이전 고점을 기준으로 분류한다.

언뜻 복잡해 보이지만 표준형, 응용형은 다음과 같은 요소를 공유한다.

- 큰 하락 구간 이후 수평적으로 움직이는 듯한 뉘앙스
- 수평적 뉘앙스로 움직이는 1~2개의 파동 구간(상단부/하단부)
- 초반부에는 다양한 파동 유형의 관측
- 후반부의 깔짝 파동

응용형 ①, ②는 표준형과 유사성이 높다. 응용형 ④, ⑤는 서로 간에 유사성이 높다. 응용형 ③은 약간 독립적 요소를 지니고 있지만, 역시 표준형과 밀접한 관계에 있다. 이런 측면에서 보면 표준형, 응용형 ①, ②를 묶은 A 그룹과 응용형 ③의 B 그룹, 응용형 ④, ⑤를 묶은 C 그룹의 세 가지로 분류할 수도 있다.

각 유형을 좀 더 단순하고 직관적인 형태로 정리해보자(〈그림 6-23〉 참고).

표준형과 응용형 ①, ②는 개념적·유형적으로 큰 차이가 없다. 응용형 ①은 저점으로부터 단기 상승한 후의 표준형이다. 그리고 응용형 ②는 저점으로부터 단기 하락한 후의 표준형과 마찬가지이다.

응용형 ②는 응응형 ④, ⑤의 초반부와 유형이 겹칠 때도 있다.

응용형 ③의 후반부 시작점은 표준형과 응용형 ①, ②에 비해 늦은 편이다. 초반부의 복잡한 파동 구간 또는 큰 파동 구간을 지나 파동의 높낮이가 낮아진

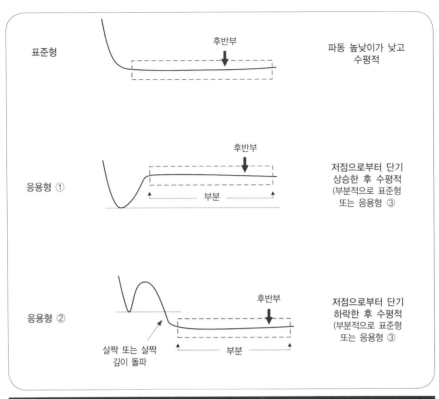

표준형   후반부   파동 높낮이가 낮고
수평적

응용형 ①   후반부   저점으로부터 단기
상승한 후 수평적
(부분적으로 표준형
또는 응용형 ③)
부분

응용형 ②   후반부   저점으로부터 단기
하락한 후 수평적
(부분적으로 표준형
또는 응용형 ③)
살짝 또는 살짝
깊이 돌파   부분

그림 6-23 | 표준형, 응용형 ①, 응용형 ②의 특징

후 작은 캔들군 위주의 수평 횡보 캔들군이 확인되면 응용형 ③이 완성된 것이
다. 이때 수평 횡보 캔들군은 깔짝 파동으로 대체될 수도 있다.

　응용형 ③의 핵심은 이전 저점 부근에서 형성된 수평 횡보 캔들군이다. 이전
저점 약간 위 또는 살짝 돌파한 위치에서 캔들군이 수평적으로 움직인다는 의미
는 시중에서 말하는 지지선에 지지를 받는 모양새일 수 있다(물론 캔들매매에서는
지지와 저항의 개념을 채용하지 않는다).

　응용형 ④, ⑤에는 응용형 ①, ②, ③의 요소가 부분적으로 묻어 있다. 다만,

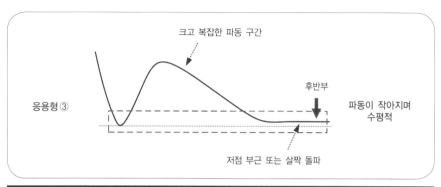

크고 복잡한 파동 구간

응용형 ③

후반부

파동이 작아지며
수평적

저점 부근 또는 살짝 돌파

그림 6-24 | 응용형 ③의 특징

후반부의 깔짝 파동이 확인되지 않아도 된다는 차이점이 있다. 그리고 후반부 시작점 또한 개념이 약간 다르다. 〈그림 6-25〉를 참고하자.

이전 저점 돌파 전의 초반부에는 2개 이상의 수평적인 복합 파동 또는 크고 폭이 넓은 파동이 위치한다.

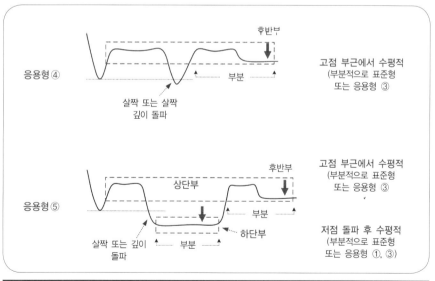

후반부

응용형 ④

부분

살짝 또는 살짝
깊이 돌파

고점 부근에서 수평적
(부분적으로 표준형
또는 응용형 ③)

후반부

응용형 ⑤

상단부

부분

하단부

살짝 또는 깊이
돌파

부분

고점 부근에서 수평적
(부분적으로 표준형
또는 응용형 ③)

저점 돌파 후 수평적
(부분적으로 표준형
또는 응용형 ①, ③)

그림 6-25 | 응용형 ④, 응용형 ⑤의 특징

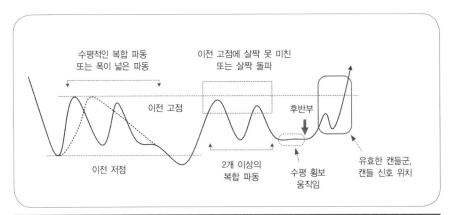

수평적인 복합 파동
또는 폭이 넓은 파동

이전 고점에 살짝 못 미친
또는 살짝 돌파

이전 고점

후반부

이전 저점

2개 이상의
복합 파동

수평 횡보
움직임

유효한 캔들군,
캔들 신호 위치

그림 6-26 | 응용형 ④의 표준 유형 및 후반부 시작점

저점 돌파 후 상승, 이전 고점 부근에서 2개 이상의 복합 파동 또는 단일 파동 이후 충분한 간격을 두고 작은 캔들군 위주의 수평 횡보 움직임(수평 횡보 캔들군)이 확인되면 후반부에 접어들었다고 볼 수 있다. 이 과정에서 깔짝 파동이 없더라도 캔들군, 캔들 신호가 출현하면 모두 유효하다(《그림 6-26》 참고).

저점 돌파 후 상승하여 이전 고점 부근까지 다다랐거나 살짝 돌파했지만 다시 하락하여 이전 저점 부근에서 수평적으로 움직일 때는 후반부 시작점을

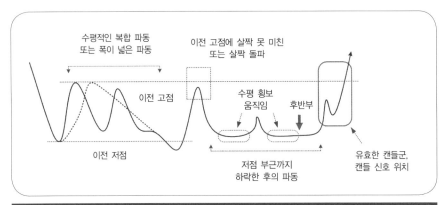

수평적인 복합 파동
또는 폭이 넓은 파동

이전 고점에 살짝 못 미친
또는 살짝 돌파

이전 고점

수평 횡보
움직임

후반부

이전 저점

저점 부근까지
하락한 후의 파동

유효한 캔들군,
캔들 신호 위치

그림 6-27 | 응용형 ④의 유사 유형 및 후반부 시작점

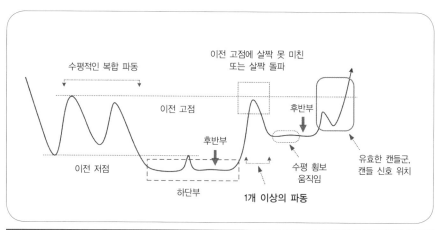

그림 6-28 | 응용형 ⑤의 표준 유형 및 후반부 시작점

약간 뒤로 미뤄야 한다. 이전 파동이 단일 파동이냐, 복합 파동이냐, 급한 파동이냐, 폭이 넓은 파동이냐 등에 따라 조금씩 달라지기 때문에 정확한 후반부 시작점을 설정할 수는 없다. 다만 재하락한 후의 수평 판단 시작점을 기준으로 할 때 표준형보다는 좀 더 이른 시점에서 후반부가 시작된다(〈그림 6-27〉 참고).

이전 저점 돌파 전의 초반부에는 2개 이상의 수평적 복합 파동이 위치한다. 응용형 ⑤의 하단부 또한 표준형보다 좀 더 이른 시점에 후반부가 시작된다(〈그림 6-28〉 참고).

응용형 ④와 ⑤의 차이점 중 하나는 응용형 ④는 이전 저점을 살짝 돌파하거나 살짝 깊이 돌파한 수준에 머물러야 하지만, 응용형 ⑤는 비교적 깊이 하락한 위치도 상관없다는 점이다.

하단부를 거쳐 상승, 이전 고점 부근에 다다랐을 때는 응용형 ④의 상단부 기준과 같게 적용한다.

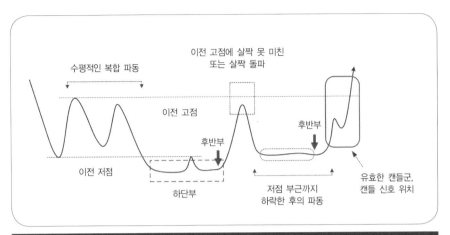

그림 6-29 | 응용형 ⑤의 유사 유형 및 후반부 시작점

　응용형 ④의 경우와 마찬가지로 이전 고점 부근까지 다다랐거나 살짝 돌파
했지만 다시 하락하여 이전 저점 부근에서 수평적으로 움직일 때는 후반부 시작
점을 약간 뒤로 미뤄야 한다(〈그림 6-29〉 참고).

　응용형 ④, ⑤의 핵심 중 하나는 이전 고점 부근, 즉 엇비슷한 가격대에 모
여 있는 파동과 캔들군이다. 이 또한 시중에서 말하는 저항선에 저항받는 모양
새일 수 있다. 하지만 캔들매매에서는 기존 관점과는 반대로 저항선은 결국 돌
파당할 확률이 높다고 보고 특정 위치에서 유효한 캔들군, 캔들 신호를 찾아
나선다.

　각 유형은 〈그림 6-30〉과 같이 서로 연결되기도 혼합되기도 한다. 그러므
로 유형을 정확히 구분하는 것 자체가 무의미할 때가 많다. 따라서 복잡하거나
정확한 분석 시도는 불필요함을 밝혀둔다.

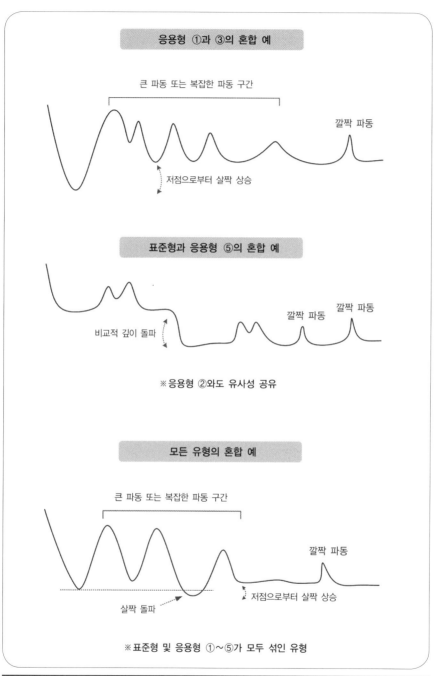

응용형 ①과 ③의 혼합 예

큰 파동 또는 복잡한 파동 구간

깔짝 파동

저점으로부터 살짝 상승

표준형과 응용형 ⑤의 혼합 예

깔짝 파동 깔짝 파동

비교적 깊이 돌파

※응용형 ②와도 유사성 공유

모든 유형의 혼합 예

큰 파동 또는 복잡한 파동 구간

깔짝 파동

저점으로부터 살짝 상승

살짝 돌파

※표준형 및 응용형 ①~⑤가 모두 섞인 유형

그림 6-30 | **파동의 혼합 예**

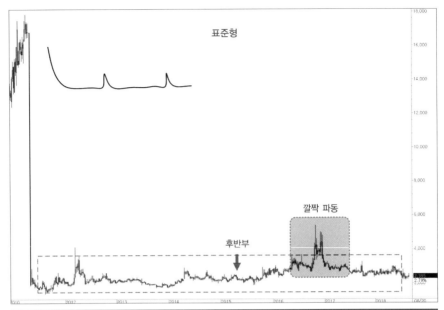

그림 6-31 | 표준형 1. 유니온머티리얼(047400) 주간 차트

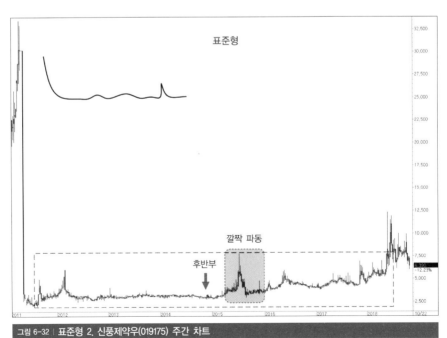

그림 6-32 | 표준형 2. 신풍제약우(019175) 주간 차트

그럼 실제 차트를 통해 표준형과 응용형을 어떻게 구분하는지 살펴보자.

현 단계에서는 후반부 시작점을 어디에다 설정해야 할지 갈피를 못 잡을 것이다. 심지어 수평 판단 시작점도 헷갈릴 수 있다. 하지만 정확한 후반부 시작점보다 (대략적인 판단에 의해) 후반부로 볼만한 위치에서 출현하는 깔짝 파동, 캔들군, 캔들 신호의 존재 여부가 더 중요하기에 복잡하게 생각할 필요가 없다. 깔짝 파동이 있지만 후반부인지 아닌지 판단이 모호한 상황이라면 응용 또는 보정하거나 관망하면 된다.

이 책에서 설명하는 내용과 기술은 한 장을 완벽히 이해해야만 다음 장으로 넘어가는 방식이 아니다. 당장 이해가 부족하더라도 다음 장, 또 그다음 장으로 넘어가도록 하자. 뒷장으로 갈수록 이해하기 쉽고 재미있어질 것이다. 그리고 다시 처음 장으로 돌아와 반복하면 잘 이해되지 않던 것들도 이해되며, 흩어져

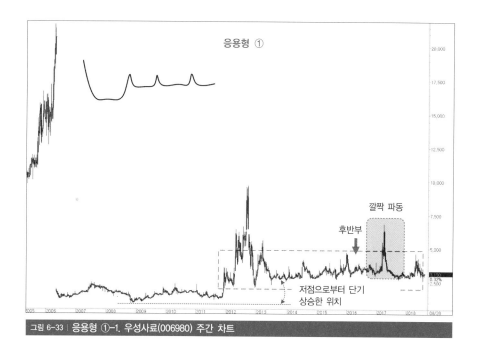

그림 6-33 | 응용형 ①-1. 우성사료(006980) 주간 차트

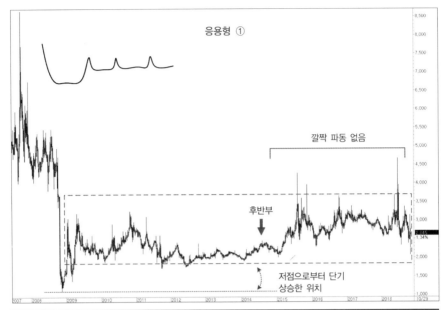

응용형 ①

깔짝 파동 없음

후반부

저점으로부터 단기
상승한 위치

그림 6-34 | 응용형 ①-2, 부국철강(026940) 주간 차트

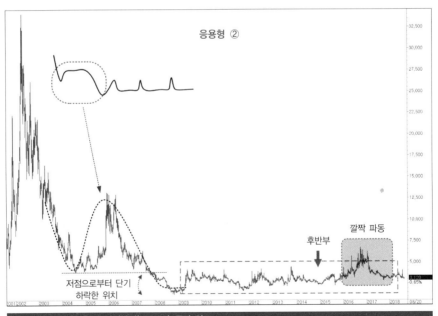

응용형 ②

깔짝 파동

후반부

저점으로부터 단기
하락한 위치

그림 6-35 | 응용형 ②-1, 디지아이(043360) 주간 차트

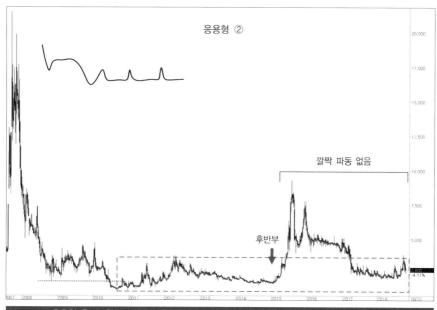

응용형 ②

깔짝 파동 없음

후반부

그림 6-36 | 응용형 ②-2. 한국코퍼레이션(050540) 주간 차트

있던 퍼즐이 점차 맞춰지게 될 것이다. 조급하게 생각하지만 않으면 된다.

〈그림 6-34〉와 같이 수평적 뉘앙스로 파동이 횡보하기 시작한 이후 시각적으로 확연히 후반부에 접어들었다 하더라도 깔짝 파동을 비롯한 캔들군, 캔들 신호가 없다면 어떤 해석도 할 수 없고, 할 필요도 없다.

〈그림 6-35〉의 경우 이전 저점 돌파 전의 파동이 확연한 복합 파동이거나 폭이 좀 더 넓었더라면 응용형 ⑤로도 볼 수 있는 유형이다. 그랬다면 후반부 시작점을 좀 더 일찍 설정할 수 있었을 것이다.

〈그림 6-36〉은 저점 돌파 후에는 표준형보다 응용형 ①에 가까운 뉘앙스로 움직였고(이때까지는 전체를 응용형 ②로 해석함이 타당하다), 후반부로 접어든 다음에

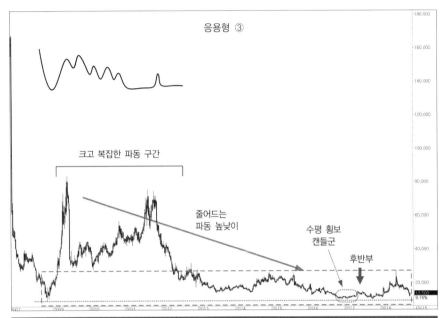

응용형 ③

크고 복잡한 파동 구간

줄어드는
파동 높낮이

수평 횡보
캔들군

후반부

그림 6-37 | 응용형 ③-1. 네오위즈(095660) 주간 차트

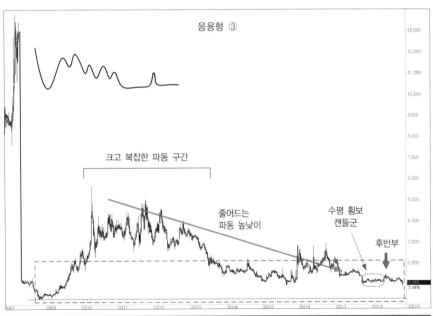

응용형 ③

크고 복잡한 파동 구간

줄어드는
파동 높낮이

수평 횡보
캔들군

후반부

그림 6-38 | 응용형 ③-2. 서원(021050) 주간 차트

는 응용형 ③의 뉘앙스로 움직이고 있다.

　　응용형 ③의 완성이자 후반부 시작을 알리는 수평 횡보 캔들군(수평 횡보 움
직임)은 이전 저점으로부터 가까운 위치가 표준적이며, 저점을 살짝 돌파한 위치
까지 허용된다.

　　〈그림 6-39〉는 응용형 ④의 유사 유형으로 저점 돌파 후에는 응용형 ①의
뉘앙스를 보이고 있다. 후반부 시작점은 응용형 ①이 아니라 응용형 ④를 기준
으로 한다. 하지만 둘 사이에 현격한 차이가 있는 것은 아니다.

　　〈그림 6-40〉은 이전 저점 돌파 이후 곧바로 상승하지 못하고 ⓑ에서 수평
적으로 움직였다. ⓐ에서 ⓑ까지는 응용형 ②로 볼 수 있다. 하지만 후반부로
막 접어드려 할 때 상승하여 이전 고점 부근에서 수평적으로 보합함으로써 응

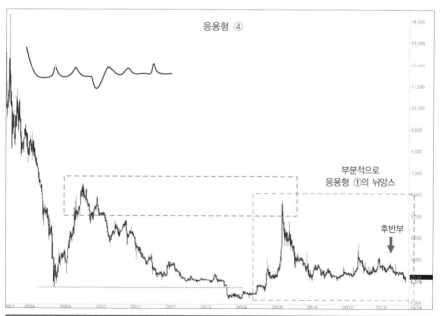

그림 6-39 | 응용형 ④-1. 유안타증권우(003475) 주간 차트

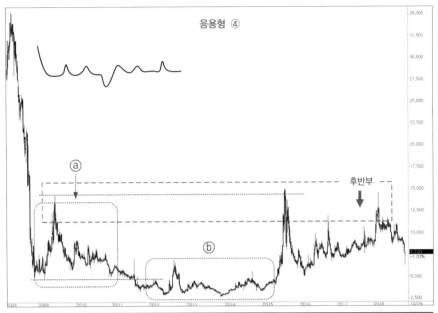

그림 6-40 | 응용형 ④-2. 이상네트웍스(080010) 주간 차트

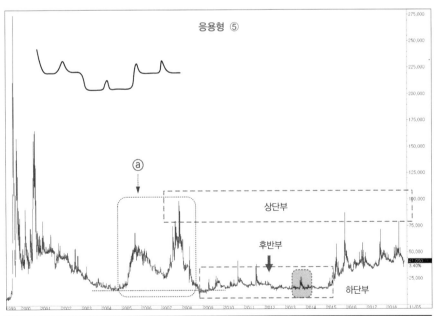

그림 6-41 | 응용형 ⑤-1. JW중외제약2우B(001067) 주간 차트

용형 ④로 이어졌다.

ⓐ가 만약 2개 이상의 수평적 파동으로 구성된 복합 파동이었다면 ⓐ, ⓑ를 응용형 ⑤로 설정, ⓑ 구간에서의 후반부 시작점을 좀 더 일찍 설정할 수 있었을 것이다. 응용형 ⑤ 하단부의 후반부 시작점은 표준형 또는 (단일 파동 위주의 저점을 돌파한) 응용형 ②의 후반부 시작점보다 좀 더 이른 곳에서 시작된다.

〈그림 6–41〉은 저점을 구성한 ⓐ 파동이 수평적인 복합 파동이다. 저점 돌파 이후 표준형의 뉘앙스로 횡보하였기에 후반부 시작점을 좀 더 일찍 설정할 수 있었다. 단기 상승, 이전 고점까지 근접한 후 수평적으로 움직임에 따라 상단부에 새로운 후반부 시작점이 형성되면 의미 있는 캔들군, 캔들 신호를 찾아 나설 수 있게 되었다.

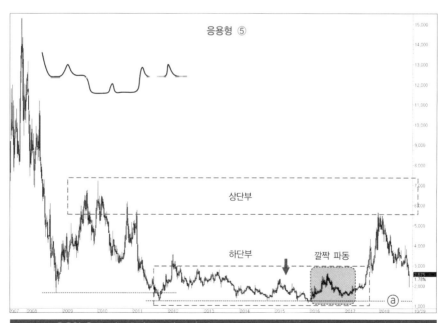

그림 6-42 | 응용형 ⑤-2. 시노펙스(025320) 주간 차트

응용형 ⑤의 유사 유형인 〈그림 6–42〉의 경우 ⓐ의 이전 저점을 돌파하지 않는 한 여전히 응용형 ⑤로 분류할 수 있다. 다만 새로운 후반부가 아직 시작되지 않음으로써 캔들군, 캔들 신호가 유효해지기 위해서는 추가적인 긴 시간이 필요하다.

04

해석하지 않는
여섯 가지 경우

크게 하락한 이후 파동이 수평적으로 움직인다고 해서 무작정 해석을 시도해서는 안 된다. 다음의 여섯 가지에 해당하면 수평적 파동 구간으로 볼 수 없거나 무효로 돌아선 경우이므로 주의해야 한다.

- 최저점으로부터 최고점 대비 50%를 넘은 큰 파동
- 수평적 움직임이 아닌 파동 구간
- 최저점으로부터 가격이 10배 이상 상승한 파동
- 상장 기간이 짧아 캔들 개수가 적은 종목
- 완만한 파동 구간
- 저점으로부터 멀거나 여러 차례 돌파한 구간

최저점으로부터 최고점 대비 50%를 넘은 큰 파동

수평적 파동 구간 내의 가장 큰 파동의 높낮이가 고점으로부터 저점 대비 50%를 현저히 넘은 경우, 즉 고점으로부터 너무 가까운 파동이 형성된 경우에는 해석을 시도하지 않는다. 이때의 고점이란 대부분 최고점을 의미한다.

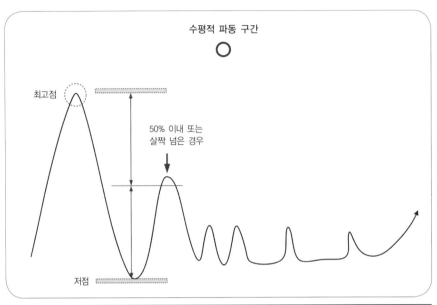

그림 6-43 | 수평적 파동 구간 1

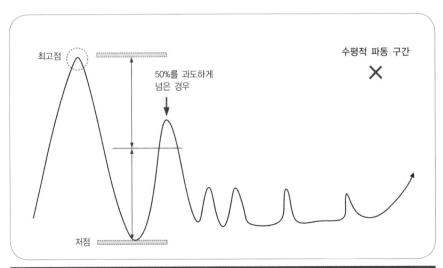

그림 6-44 | 수평적 파동 구간이 아닌 경우 1

128

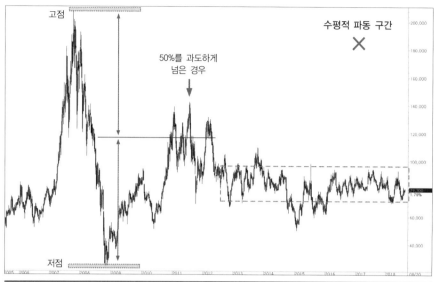

고점

수평적 파동 구간
X

50%를 과도하게
넘은 경우

저점

그림 6-45 | 수평적 파동 구간이 아닌 경우 2. 대림산업(000210) 주간 차트

수평적 움직임이 아닌 파동 구간

수평적 움직임으로 볼 수 없는 파동 구간은 해석하지 않는다.

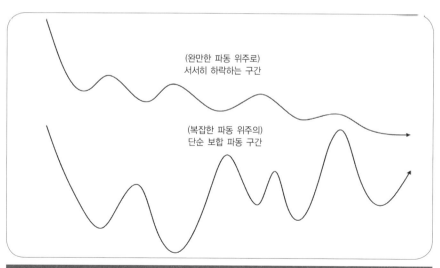

(완만한 파동 위주로)
서서히 하락하는 구간

(복잡한 파동 위주의)
단순 보합 파동 구간

그림 6-46 | 수평적 움직임이 아닌 파동 구간 1

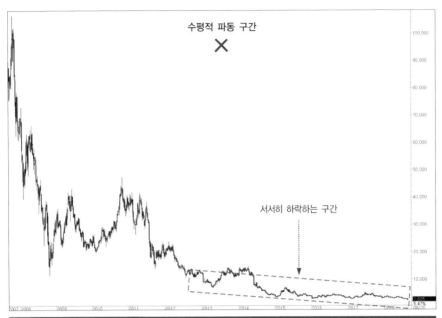

수평적 파동 구간

×

서서히 하락하는 구간

그림 6-47 | 수평적 움직임이 아닌 파동 구간 2. 한진중공업(097230) 주간

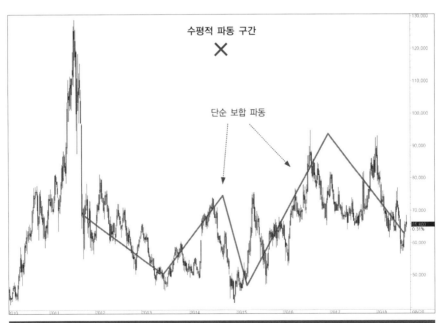

수평적 파동 구간

×

단순 보합 파동

그림 6-48 | 수평적 움직임이 아닌 파동 구간 3. 코오롱인더(120110) 주간 차트

최저점으로부터 가격이 10배 이상 상승한 파동

최저점과 최저점으로부터 상승한 단기 고점 간의 가격 폭이 이미 10배를 초과한 파동 구간은 해석 가능한 대상으로 삼지 않는다. 이미 어느 정도 상승한 위치이기 때문에 장기 수익을 취할 확률이 떨어지기 때문이다. 단, 후반부에만 해당하며 초반부에는 큰 파동이 형성되어 10배가 초과하더라도 예외로 한다.

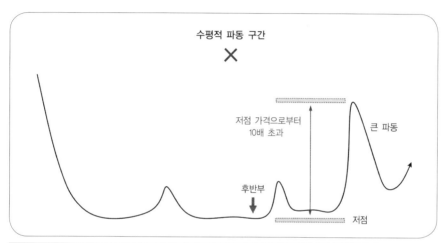

그림 6-49 | **최저점에서 10배 이상 상승한 파동 1**

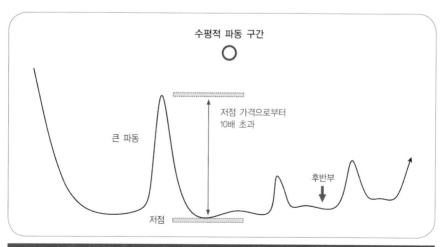

그림 6-50 | **수평적 파동 구간으로 해석하는 경우 1**

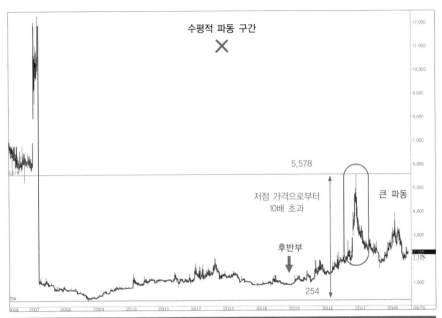

그림 6-51 | 최저점에서 10배 이상 상승한 파동 2. 한국팩키지(037230) 주간 차트

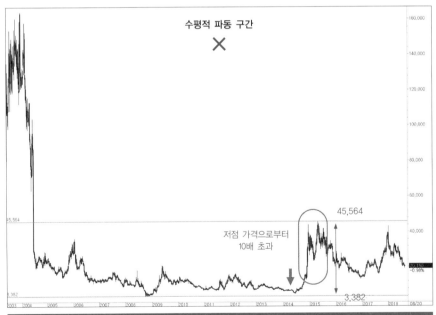

그림 6-52 | 최저점에서 10배 이상 상승한 파동 3. 웹젠(069080) 주간 차트

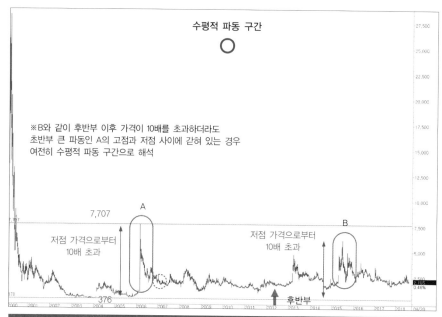

수평적 파동 구간

○

※B와 같이 후반부 이후 가격이 10배를 초과하더라도
초반부 큰 파동인 A의 고점과 저점 사이에 갇혀 있는 경우
여전히 수평적 파동 구간으로 해석

7,707

A

B

저점 가격으로부터
10배 초과

저점 가격으로부터
10배 초과

376

후반부

그림 6-53 | 수평적 파동 구간으로 해석하는 경우 2. 피델릭스(032580) 주간 차트

이것은 반드시 지켜야 하는 절대 기준이나 원칙은 아니다. 전체적인 파동
유형이 깔끔하다면 후반부의 파동이 10배 이상 가격을 초과하더라도 여전히 관
심 종목에 담아두고 지켜볼 수 있다.

단, 큰 하락 구간 이전의 최고점으로부터 멀리 떨어진 위치여야 한다. 또한
큰 파동 이후 하락, 다시 수평적 움직임을 보여야 한다.

다음 〈그림 6-54〉를 참고하자.

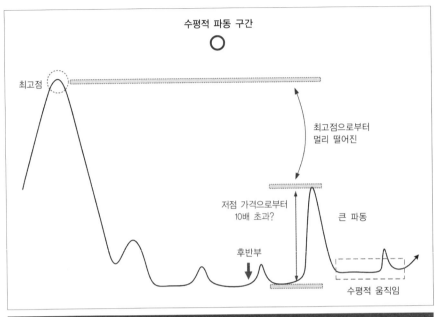

수평적 파동 구간

○

최고점

최고점으로부터
멀리 떨어진

저점 가격으로부터
10배 초과?

큰 파동

후반부

수평적 움직임

그림 6-54 | 수평적 파동 구간으로 해석하는 경우 3

이 기준으로 볼 때 〈그림 6-52〉의 웹젠 주간 차트에서 수평적 움직임이 진행된 이후 유효한 캔들군, 캔들 신호가 출현하면 매수 대응이 가능하다.

상장 기간이 짧아 캔들 개수가 적은 종목

상장된 지 얼마 안 되어 차트를 아무리 줄여도 화면에 캔들만 크게 보이는 종목은 해석이 불가한 경우가 대부분이다. 상장 시점으로부터 급락 또는 꾸준히 하락했더라도 깊이가 불충분함은 물론, 수평적 파동 구간 또한 초반부에 머물 가능성이 크기 때문이다.

액면분할 등 큰 하락 구간 직후임에 따라 수평적 움직임이 확인되지 않는 경우 또한 마찬가지다.

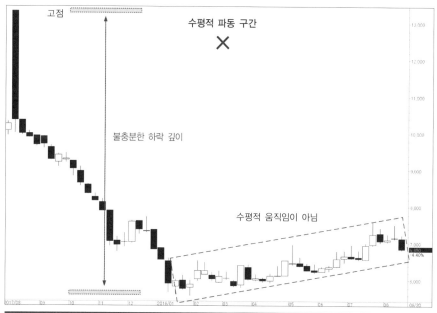

그림 6-55 | 캔들의 수가 적은 경우 1. KBSTAR코스닥150 선물 인버스(275750) 주간 차트

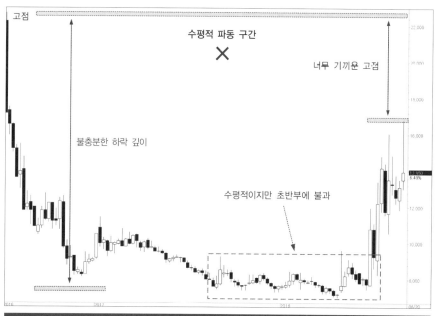

그림 6-56 | 캔들의 수가 적은 경우 2. 장원테크(174880) 주간 차트

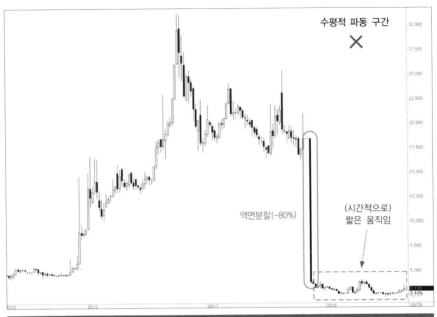

수평적 파동 구간

✕

액면분할(-80%)

(시간적으로)
짧은 움직임

그림 6-57 | 캔들의 수가 적은 경우 3. 넥스트아이(137940) 주간 차트

완만한 파동 구간

초반부는 물론, 후반부까지 완만한 파동 위주로 구성된 파동 구간은 전후에 수평 횡보 캔들군을 거느린 깔짝 파동이 형성될 때까지 해석하지 않는다. 별다른 깔짝 파동이 없는 파동 구간 또한 마찬가지다.

단, 전체적으로 완만한 파동이라도 후반부로 분류할 수 있는 위치에서 여러 개의 긴 위 꼬리가 파동 윗부분에 응집되어 출현한다면 수평적 파동 구간으로 해석할 수 있다(긴 위 꼬리군은 신뢰성이 높음을 기억하자).

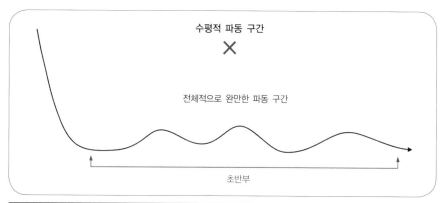

그림 6-58 | 완만한 파동 구간

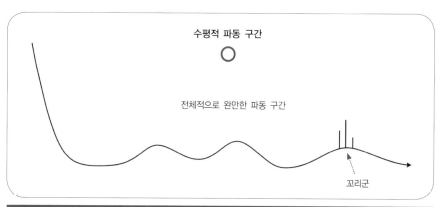

그림 6-59 | 완만한 파동 구간 후반부에 위 꼬리군이 나타나는 경우

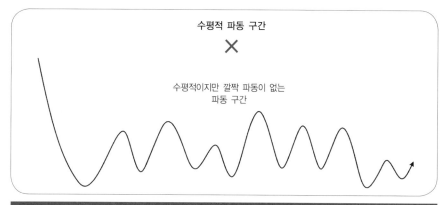

그림 6-60 | 수평적이지만 깔짝 파동이 없는 경우

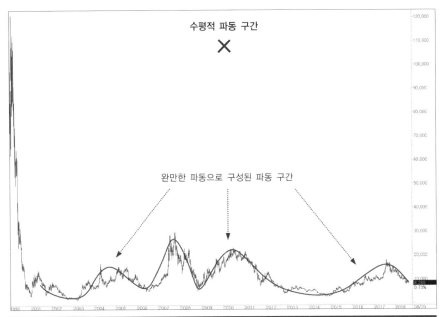

완만한 파동으로 구성된 파동 구간

수평적 파동 구간
X

그림 6-61 | 완만한 파동 구간: 주성엔지니어링(036930) 주간 차트

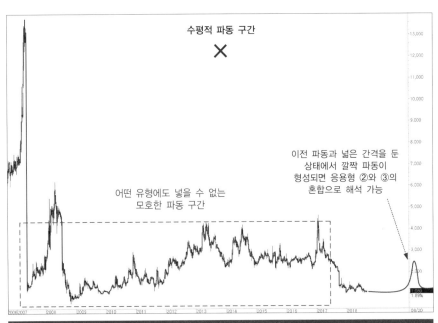

수평적 파동 구간
X

어떤 유형에도 넣을 수 없는
모호한 파동 구간

이전 파동과 넓은 간격을 둔
상태에서 깜짝 파동이
형성되면 응용형 ②와 ③의
혼합으로 해석 가능

그림 6-62 | 어떤 유형에도 넣을 수 없는 경우: 동국실업(001620) 주간 차트

저점으로부터 멀거나 여러 차례 돌파한 구간

큰 하락 구간 이후의 저점으로부터 너무 멀리 떨어진 위치의 파동 구간은 해석하지 않는다. 이 기준은 주로 응용형 ①, ③, ④에 해당한다.

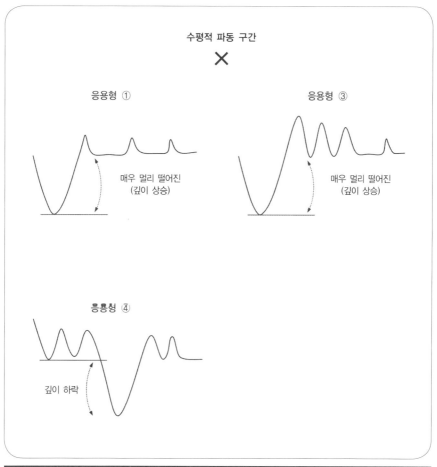

그림 6-63 | 저점으로부터 너무 깊이 하락/상승하는 경우

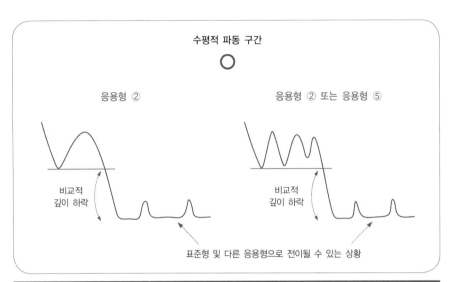

그림 6-64 | 응용형 ②와 응용형 ⑤에서의 전이

이에 비해 응용형 ②와 ⑤의 하단부는 표준형 또는 다른 응용형으로 전이될 수 있는 여지가 있어 저점으로부터 비교적 깊이 하락해도 상관없다. 단, 저점으로부터 너무 멀리 떨어졌다면 응용형 ②와 ⑤가 아니라 새로운 파동 유형으로 해석해야 한다.

저점을 한두 차례 이상 돌파함으로써 더 이상 수평적 파동 구간 또는 특정 파동 유형으로 보기 어려운 경우에는 해석하지 않는다. 이 기준은 주로 응용형 ②, ③, ④, ⑤에 해당한다.

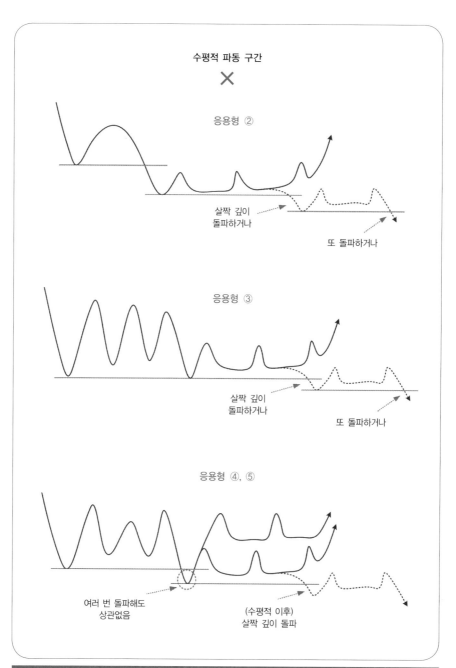

수평적 파동 구간

╳

응용형 ②

살짝 깊이
돌파하거나

또 돌파하거나

응용형 ③

살짝 깊이
돌파하거나

또 돌파하거나

응용형 ④, ⑤

여러 번 돌파해도
상관없음

(수평적 이후)
살짝 깊이 돌파

그림 6-65 | 수평적 파동 구간이 무효화되는 경우

6장 핵심 정리

지금까지의 내용을 정리하면 다음과 같다. '상승할 때가 무르익은 구간'을 수평적 파동 구간이라 하고, 학습 효과를 위해 다양한 유형으로 분류해놓았다. 유형을 엄격히 구분할 필요 없이 수평적 뉘앙스를 띤 파동 구간의 끝에서 형성된, 수평 횡보 캔들군을 거느린 깔짝 파동을 찾으면 된다.

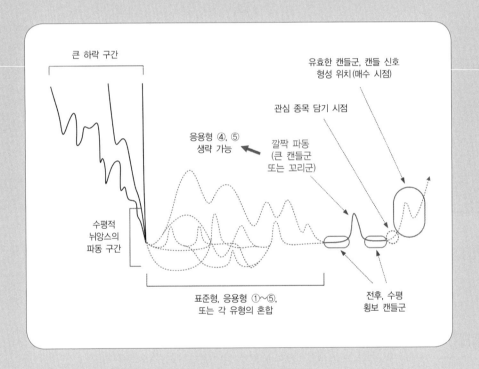

7장

캔들군

"결국 확률은 내 편이라는 것을 알면
단기적인 손실은 아무렇지 않게 감수할 수 있다."

01

매수 신호의 선행지표,
캔들군 해석하기

파동이 아무리 전형적인 유형이고 시급성을 요구하는 우선 관심 종목이라도 후속타인 캔들군 또는 캔들 신호가 없다면 대응할 근거[15]가 없다.

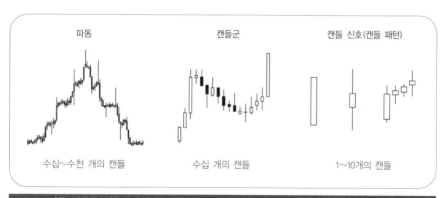

파동   캔들군   캔들 신호(캔들 패턴)

수십~수천 개의 캔들   수십 개의 캔들   1~10개의 캔들

그림 7-1 | 파동, 캔들군, 캔들의 구분

---

15) 캔들매매의 핵심은 '근거 있는 진입과 청산'이다. 여기서 근거란, 사전에 정한 기준과 조건을 충족하는 상황이다. 근거를 바탕으로 진입과 (손절매를 포함한) 청산을 해야만 확률적 매매를 할 수 있다. 또한 매매가 거듭될수록 학습 효과가 쌓여 승률을 높이고 심리적으로 안정된 매매를 할 수 있다. 근거의 반대는 '감(感)', '충동', '뇌동', '풍문'에 의한 매매다.

수평적 파동 구간은 직접적인 매수 신호가 되는 캔들군 또는 캔들 신호를 위한 잉태 배경에 불과하기 때문이다. 캔들군(群)은 캔들의 집합이자, 수십 개 캔들의 무리다. 캔들, 캔들군, 파동을 대략 구분하면 〈그림 7-1〉과 같다.

파동과 캔들군은 서로 간의 구분이 무의미할 때가 많다. 작은 크기의 파동이라면 깔짝 파동처럼 큰 캔들군이나 꼬리군으로 불릴 수 있다. 그리고 큰 캔들군이 하나의 파동이 될 때도 있다. 하지만 큰 크기의 파동은 파동일 뿐, 캔들군이 아니다. 또 수평적으로 횡보하는 캔들군은 줄여도 파동이 되지 않는다. 어쨌든 명칭의

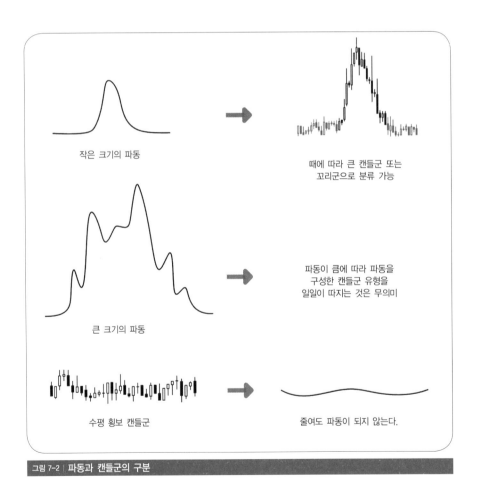

그림 7-2 | 파동과 캔들군의 구분

문제로서 이런 세부적인 구분은 중요하지 않으므로 복잡하게 생각하지는 말자.

수평적 파동 구간의 후반부에서 형성되는, 해석 의미가 있는 캔들군의 종류는 다음과 같다.

- **톱니캔**(톱니 형태처럼 생긴 캔들군)
- **수횡캔/상기캔/수렴캔/후퇴캔**
- **꼬리군**(한 개 또는 여러 개의 긴 위 꼬리 위주로 뭉쳐 있는 캔들군)

꼬리군은 그 자체로 매수 신호가 되지만, 나머지 캔들군은 파동과 캔들 패턴의 중간 매개체 역할을 한다. 파동의 선상에서 특정 캔들 패턴이 형성되어야 매수가 가능한데, 파동과 캔들 패턴은 곧바로 이어지기 어렵다(때로 캔들군 없이도 파동과 캔들 신호가 직접 연결되는 경우가 있는데 '9장 파동, 캔들군, 캔들의 조합'에서 자세히 설명할 것이다). 먼저 수평적 파동 구간이 확인되고 후속타로 캔들군이 있어야만 출현하는 캔들 패턴이 매수 신호로 유효해진다.

이때 캔들군의 개념적 의미는 매수세와 매도세가 일정 기간 눈치싸움을 벌인 후 더는 시세 분출을 미룰 수 없는 타이밍이 되었음을 의미한다. 이런 타이밍에서 특정 캔들 신호가 출현하면, 이를 대규모 세력의 본격적인 개입 흔적 또는 거스를 수 없는 대세에 의해 조각된 상승 징조로 판단하는 것이다.

모든 캔들군의 유효한 형성 위치는 〈그림 7-3〉과 같다. 수평적 파동 구간의 후반부에서 허깨비 움직임인 깔짝 파동 또는 직전 파동으로부터 (수평 횡보 캔들군 등을 거쳐) 충분한 간격을 둔 상태이면서 단기 상승한 위치여야 한다.

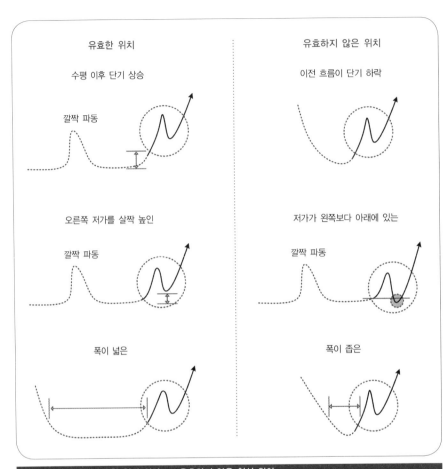

유효한 위치

유효하지 않은 위치

수평 이후 단기 상승

이전 흐름이 단기 하락

깔짝 파동

오른쪽 저가를 살짝 높인

저가가 왼쪽보다 아래에 있는

깔짝 파동

깔짝 파동

폭이 넓은

폭이 좁은

그림 7-3 | 캔들군의 유효한 형성 위치 vs. 유효하지 않은 형성 위치

02 캔들군 분석하고 적용하기 ①
톱니캔

톱니캔은 톱니 형태를 닮은 캔들군으로, 하나의 작고 급한 파동을 중심으로 구성된다. 표준 유형과 세부 구성 요소는 다음과 같다.

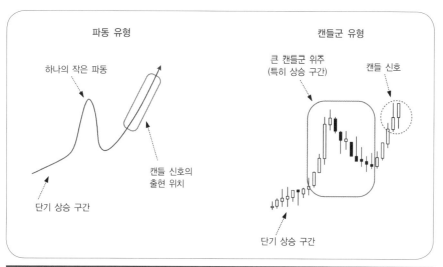

그림 7-4 | 톱니캔의 세부 구성 요소

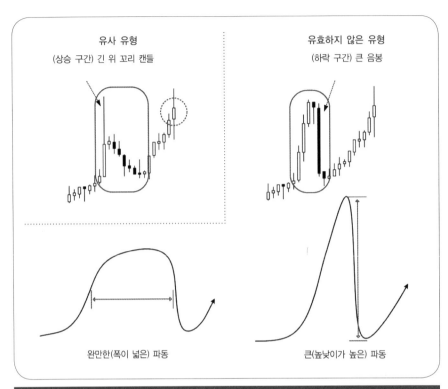

유사 유형

(상승 구간) 긴 위 꼬리 캔들

유효하지 않은 유형

(하락 구간) 큰 음봉

완만한(폭이 넓은) 파동

큰(높낮이가 높은) 파동

그림 7-5 | 톱니캔의 유사 유형과 유효하지 않은 유형

상승 구간은 큰 캔들군(상승 구간이므로 큰 양봉군으로 특정할 수 있다) 위주 또는
긴 위 꼬리 양봉이어야 한다. 그리고 하락 구간이 큰 음봉 1~2개로 구성되면 유
효하지 않은 것으로 본다. 파동 크기가 너무 크거나 완만한 경우 또한 해석하지
않는다.

톱니캔의 중앙 부분을 구성한 상승과 하락 구간에서의 캔들 개수 및 형태
는 매우 다양하다. 개수는 적은 경우 대여섯 개에 불과할 때도 있으며, 많아야
30~40개에 그친다(그래야 급한 파동이 될 것이다).

톱니캔을 어떻게 구분하는지 실제 차트에서 살펴보자.

152

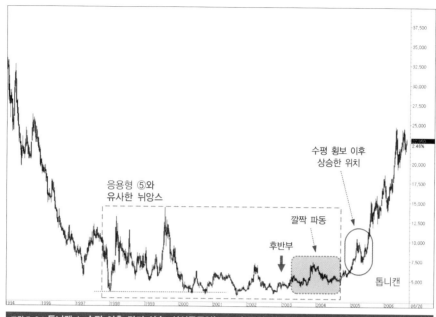

응용형 ⑤와
유사한 뉘앙스

수평 횡보 이후
상승한 위치

깔짝 파동

후반부

톱니캔

그림 7-6 | **톱니캔 1. 수평 이후 단기 상승: 삼성중공업(010140) 주간 차트**

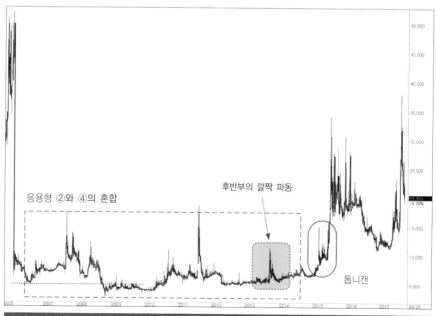

응용형 ②와 ④의 혼합

후반부의 깔짝 파동

톱니캔

그림 7-7 | **톱니캔 2. 저가를 살짝 높인 경우: 유유제약2우B(000227) 주간 차트**

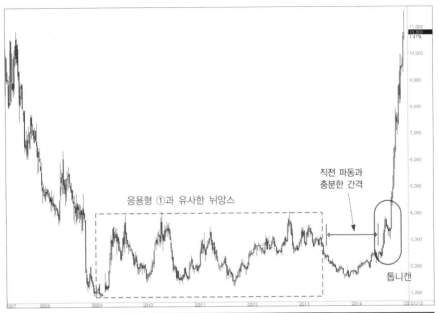

응용형 ①과 유사한 뉘앙스

직전 파동과
충분한 간격

톱니캔

그림 7-8 | **톱니캔 3. 폭이 넓은 경우: 유니테스트(086390) 주간 차트**

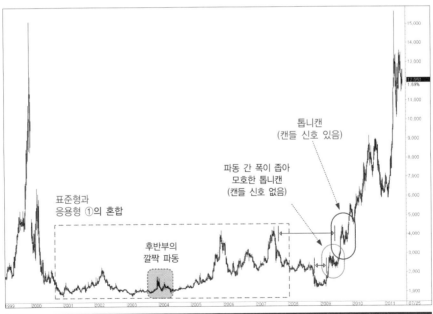

톱니캔
(캔들 신호 있음)

파동 간 폭이 좁아
모호한 톱니캔
(캔들 신호 없음)

표준형과
응용형 ①의 혼합

후반부의
깔짝 파동

그림 7-9 | **톱니캔 4. 폭이 넓은 경우 vs. 폭이 좁은 경우: 서연(007860) 주간 차트**

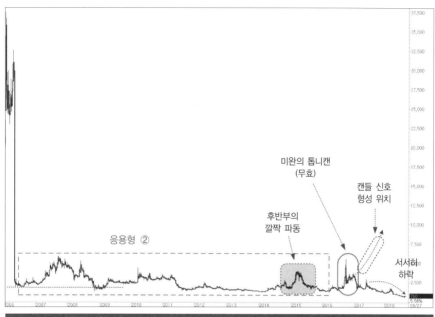

미완의 톱니캔
(무효)

캔들 신호
형성 위치

후반부의
깔짝 파동

응용형 ②

서서히
하락

그림 7-10 | 톱니캔 5. 미완성의 경우 : 부산주공(005030) 주간 차트

〈그림 7-9〉와 같이 깔짝 파동이 확인되면, 굳이 깔짝 파동 직후가 아니더라도 한참 시간이 지난 후에 형성된 캔들군, 캔들 신호 또한 매수 신호가 될 수 있다. 단, 최저점으로부터 이미 10배 이상 가격이 상승했거나 최고점으로부터 가까운 위치는 제외한다.

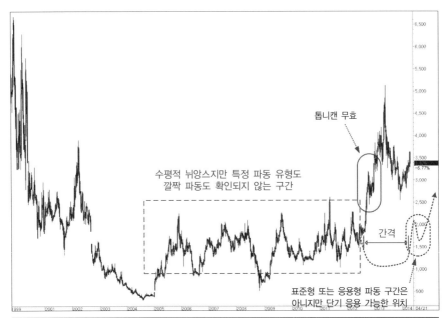

톱니캔 무효

수평적 뉘앙스지만 특정 파동 유형도
깔짝 파동도 확인되지 않는 구간

간격

표준형 또는 응용형 파동 구간은
아니지만 단기 응용 가능한 위치

그림 7-11 | 톱니캔으로 해석할 수 없는 경우 1. 디피씨(026890) 주간 차트

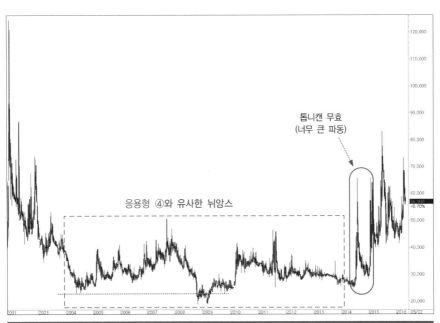

톱니캔 무효
(너무 큰 파동)

응용형 ④와 유사한 뉘앙스

그림 7-12 | 톱니캔으로 해석할 수 없는 경우 2. 세기상사(002420) 주간 차트

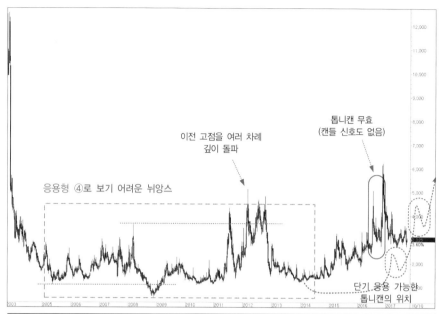

이전 고점을 여러 차례
깊이 돌파

톱니캔 무효
(캔들 신호도 없음)

응용형 ④로 보기 어려운 뉘앙스

단기 응용 가능한
톱니캔의 위치

그림 7-13 | 톱니캔으로 해석할 수 없는 경우 3. 토탈소프트(045340) 주간 차트

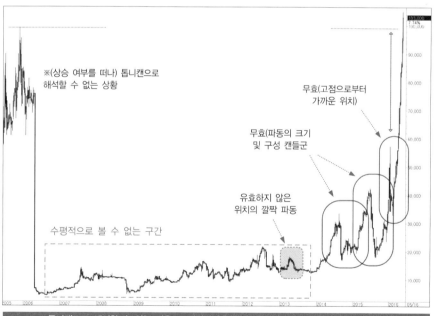

※(상승 여부를 떠나) 톱니캔으로
해석할 수 없는 상황

무효(고점으로부터
가까운 위치)

무효(파동의 크기
및 구성 캔들군)

유효하지 않은
위치의 깔짝 파동

수평적으로 볼 수 없는 구간

그림 7-14 | 톱니캔으로 해석할 수 없는 경우 4. 제일파마홀딩스(002620) 주간 차트

03 캔들군 분석하고 적용하기 ②
수횡캔, 상기캔, 수렴캔, 후퇴캔

캔들군별 명칭의 의미는 다음과 같다.

- 수횡캔: 수평적 파동으로 횡보하는 캔들군
- 상기캔: 상승 기울기 캔들군(오른쪽 위로 기울며 상승하는 캔들군)
- 수렴캔: 수렴하는 캔들군(고가와 저가가 오른쪽으로 수렴하는 캔들군)
- 후퇴캔: 고가가 후퇴하는 캔들군(고가를 서서히 낮추는 캔들군)

네 종류의 캔들군을 한 그룹에 묶은 이유는 개념적·형태적으로 유사성이 높기 때문이다. 참고로 '수횡캔'과 책 곳곳에서 설명하는 '수평 횡보 캔들군'은 다른 유형의 캔들군이다. '수횡캔'은 작은 파동의 형태로 횡보하는 캔들 무리를 이르며, '수평 횡보 캔들군'은 파동을 만들지 못하고 수평적으로 횡보하는 일단의 캔들 무리를 지칭한다.

표준 형태는 〈그림 7-15〉와 같다. 이해를 돕기 위해 수횡캔을 기초 유형으로, 다른 캔들군을 수횡캔의 파생 유형으로 분류한다.

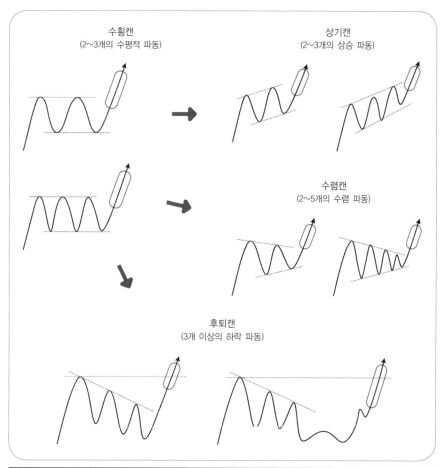

수횡캔
(2~3개의 수평적 파동)

상기캔
(2~3개의 상승 파동)

수렴캔
(2~5개의 수렴 파동)

후퇴캔
(3개 이상의 하락 파동)

그림 7-15 | 수횡캔의 기본 형태와 파생 유형

약간 헷갈리겠지만 각 캔들군을 구성한 표준적인 파동 크기는 조금씩 차이가 있다. 예를 들어 수횡캔과 상기캔은 작은 파동일 때만 유효하다. 반면 수렴캔과 후퇴캔은 작은 파동에서부터 약간 큰 파동일 때도 해석 대상이 된다. 또 수렴캔과 후퇴캔은 급한 파동 위주일 때가 표준적이지만, 약간 완만한 파동일 때도 해석 대상이 되기도 한다.

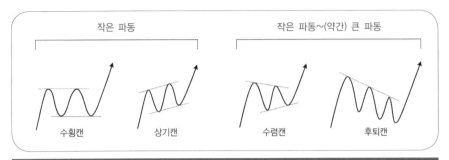

그림 7-16 | 각 캔들군의 표준 파동 크기

　　다음과 같이 파동을 구성한 고가, 저가 간의 간격이 멀리 떨어져 있음에 따라 경사가 너무 급한 파동이라면 해석하지 않는다. 단, 고가 간의 간격은 멀지만 저가 간의 간격이 좁은 경우, 또는 그 반대의 경우라면 여전히 해석 대상으로 삼는다.

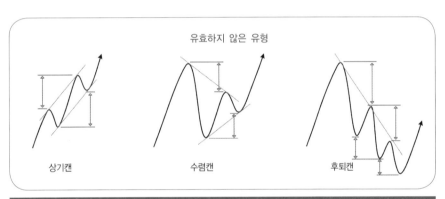

그림 7-17 | 캔들군으로 유효하지 않은 유형

상기캔/수렴캔

　　수횡캔은 자주 목격할 수 있는 유형이 아니므로 개념만 이해하고 실제 차트에서 찾으려고 노력할 필요는 없다. 수횡캔을 제외한 각 캔들군의 개념과 유형을 예제 차트를 통해 살펴보자.

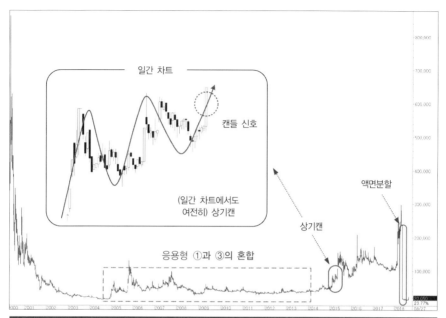

그림 7-18 │ 상기캔 1. 대성미생물(036480) 주간 차트

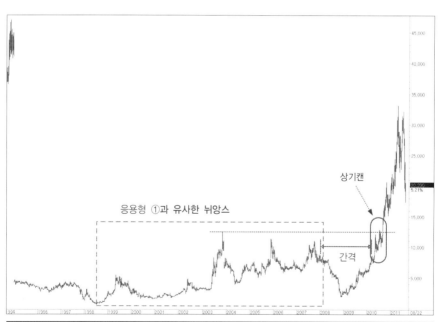

그림 7-19 │ 상기캔 2. 단기 응용: 에스엘(005850) 주간 차트

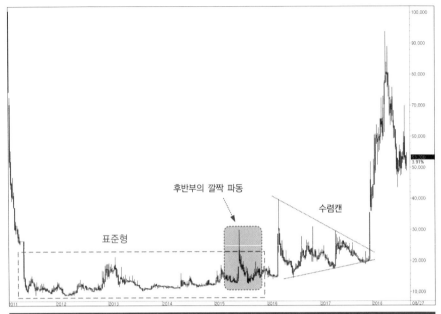

그림 7-20 | 수렴캔 1. 시디즈(134790) 주간 차트

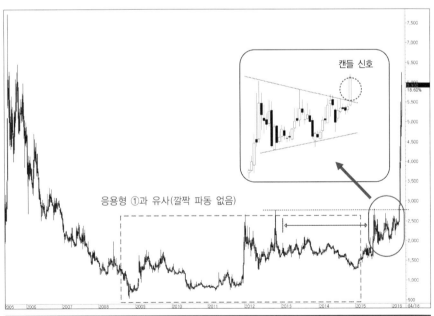

그림 7-21 | 수렴캔 2. 단기 응용: 영진약품(003520) 주간 차트

162

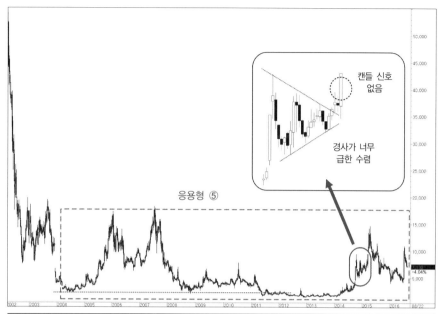

그림 7-22 | 수렴캔 3. 유효하지 않은 유형: 한빛소프트(047080) 주간 차트

후퇴캔

후퇴캔은 (파동을 구성하며) 고가를 낮춘다는 점에서 수렴캔과 개념적·유형적으로 매우 흡사하다. 고가를 낮추면서 저가를 높이면 수렴캔, 고가를 낮추지만 저가는 수평적이거나 낮춰가면 후퇴캔이다.

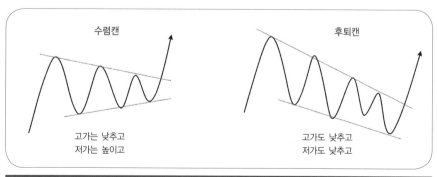

그림 7-23 | 수렴캔과 후퇴캔

후퇴캔은 큰 캔들군 위주와 긴 위 꼬리 위주의 캔들군(후퇴 꼬리군), 두 가지로 나눌 수 있지만 명확히 구분할 필요는 없다. 기본적으로 큰 캔들군보다는 긴 위 꼬리 위주의 캔들군으로 구성될 때 신뢰성이 높다. 큰 캔들군 위주의 후퇴캔이 아닌, 긴 위 꼬리 위주의 후퇴캔은 별도로 다룰 것이다.

후퇴캔은 이후 형성되는 추가적인 후퇴캔이나 다른 캔들군의 신뢰성을 높이는 역할을 한다. 단, 이전 후퇴캔의 파동 크기가 큰 상황에서 이를 넘어서는 크기의 캔들군이라면 해석하지 않는다. 특히 이전 후퇴캔의 선상에서 유효한 캔들군, 캔들 신호가 있었다면 더 그렇다(유효한 신호임에도 상승 타이밍을 놓친 꼴이 된다).

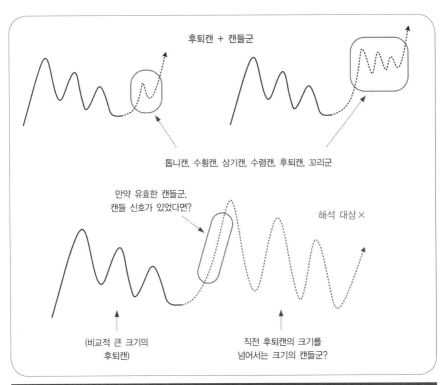

후퇴캔 + 캔들군

톱니캔, 수횡캔, 상기캔, 수렴캔, 후퇴캔, 꼬리군

만약 유효한 캔들군, 캔들 신호가 있었다면?

해석 대상 ×

(비교적 큰 크기의 후퇴캔)

직전 후퇴캔의 크기를 넘어서는 크기의 캔들군?

그림 7-24 | 후퇴캔과 다른 캔들군의 조합

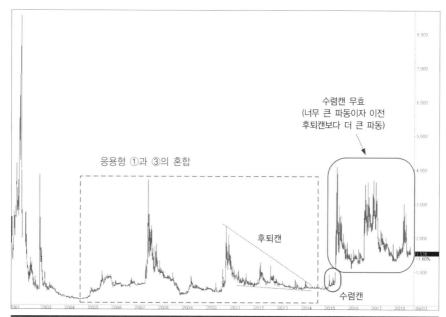

수렴캔 무효
(너무 큰 파동이자 이전
후퇴캔보다 더 큰 파동)

응용형 ①과 ③의 혼합

후퇴캔

수렴캔

그림 7-25 | 후퇴캔 1. 대호피앤씨우(021045) 주간 차트

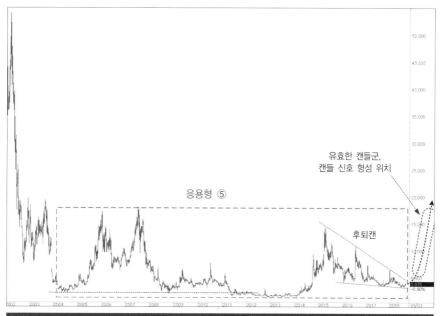

유효한 캔들군,
캔들 신호 형성 위치

응용형 ⑤

후퇴캔

그림 7-26 | 후퇴캔 2. 한빛소프트(047080) 주간 차트

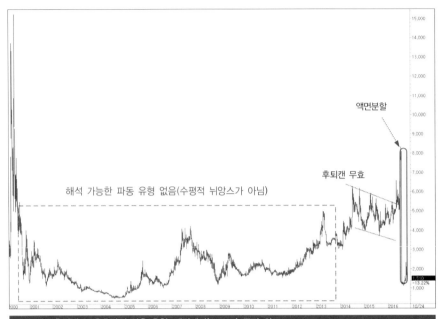

해석 가능한 파동 유형 없음(수평적 뉘앙스가 아님)

액면분할

후퇴캔 무효

그림 7-27 | 후퇴캔 3. 유효하지 않은 유형: 대림제지(017650) 주간 차트

〈그림 7-27〉과 같이 어떠한 수평적 파동 구간의 유형에도 속하지 않는, 수
평적 뉘앙스로 볼 수 없는 파동의 선상에서 출현하는 캔들군은 해석 대상으로
삼지 않으므로 주의한다.

04 캔들군 분석하고 적용하기 ③
꼬리군

앞에서도 설명했지만, 이 책에서 다루는 꼬리군은 '긴 위 꼬리 위주로 구성된 캔들군'이다. 이중 꼬리군 및 다중 꼬리군은 후행 캔들 신호가 없더라도 그 자체로 매수 신호가 된다.

꼬리군의 유형은 크게 세 가지로 나뉜다.

- 두 개의 긴 위 꼬리로 구성된 캔들군(이중 꼬리군)
- 세 개 이상의 긴 위 꼬리로 구성된 캔들군(다중 꼬리군)
- 고가를 서서히 낮추는 꼬리군(후퇴 꼬리군)

먼저 유형별 표준 형태에 대해 알아보자.

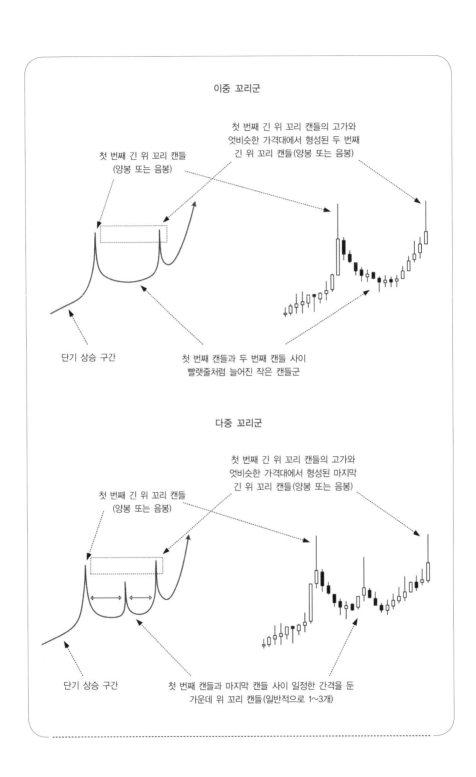

이중 꼬리군

첫 번째 긴 위 꼬리 캔들의 고가와
엇비슷한 가격대에서 형성된 두 번째
긴 위 꼬리 캔들(양봉 또는 음봉)

첫 번째 긴 위 꼬리 캔들
(양봉 또는 음봉)

단기 상승 구간

첫 번째 캔들과 두 번째 캔들 사이
빨랫줄처럼 늘어진 작은 캔들군

다중 꼬리군

첫 번째 긴 위 꼬리 캔들의 고가와
엇비슷한 가격대에서 형성된 마지막
긴 위 꼬리 캔들(양봉 또는 음봉)

첫 번째 긴 위 꼬리 캔들
(양봉 또는 음봉)

단기 상승 구간

첫 번째 캔들과 마지막 캔들 사이 일정한 간격을 둔
가운데 위 꼬리 캔들(일반적으로 1~3개)

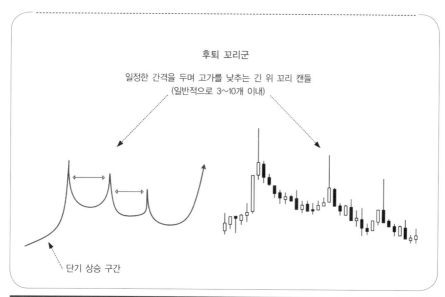

그림 7-28 | 꼬리군의 표준 유형

이중 꼬리군과 다중 꼬리군은 사실상 같은 개념으로 유형이 겹칠 때가 많다
(이중 꼬리군에서 다중 꼬리군으로 확장되기도 한다).

이중 꼬리군과 다중 꼬리군의 파동 크기는 수횡캔 및 상기캔처럼 작은 파동
위주일 때가 표준이다. 후퇴 꼬리군은 후퇴캔과 마찬가지로 작은 파동부터 큰
크기의 파동까지 포용한다.

세 꼬리군의 표준 형성 위치는 〈그림 7-29〉와 같다. 파동 크기가 클 때도
유효한 후퇴 꼬리군은 유효한 위치의 범위가 이중/다중 꼬리군보다 넓다.

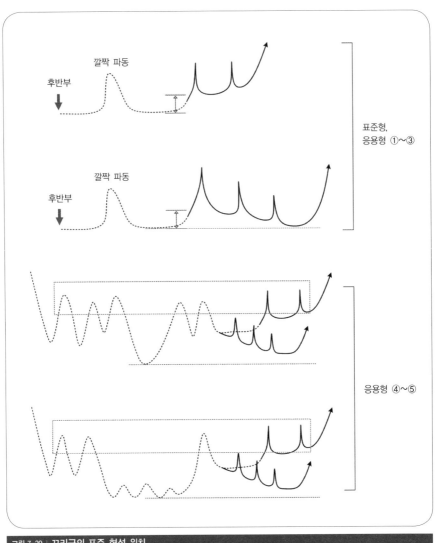

그림 7-29 | **꼬리군의 표준 형성 위치**

두 개의 긴 위 꼬리로 구성된 캔들군(이중 꼬리군)

이중 꼬리군의 표준 유형과 유효하지 않은 유형은 다음과 같다.

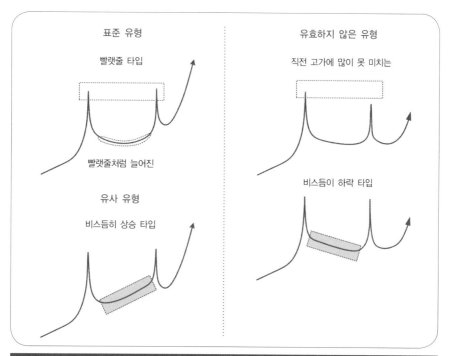

그림 7-30 | 이중 꼬리군의 표준 유형과 유효하지 않은 유형

첫 번째와 두 번째 캔들은 양봉, 음봉을 따지지 않으며, 몸통의 크기 또한 상관없다. 두 캔들 모두 위 꼬리가 동시에 길거나, 한 캔들의 위 꼬리가 그리 길지 않더라도 다른 한 캔들의 위 꼬리는 반드시 길어야 한다.

유효한 위치, 유형으로 판단되면 〈그림 7-31〉과 같은 방식으로 매수 진입한다. 다중 꼬리군의 매수 기준 또한 이중 꼬리군과 같다.

어떤 때는 1차 매수 대기한 지점까지 미치지 못하고 바로 상승할 수 있고, 어떤 때는 손절매 당할 수도 있다. 다만 확률과 일관성 측면에서 이처럼 대응하는 것이 최선이라고 할 수 있다. 손절매는 이전 저가, 즉 꼬리군의 가운데를 형성한 캔들군의 저가 약간 아래로 설정한다.

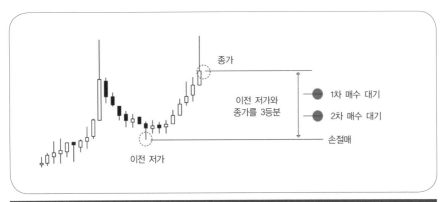

그림 7-31 | 이중 꼬리군과 다중 꼬리군의 매수 진입

실제 차트에서는 표준 위치, 표준 유형보다 판단이 모호한 위치, 유형이 더 자주 나온다. 이때는 정석적인 방식으로 대응할 수도 있지만, 다음과 같이 진입 가격의 보정(매수 가격을 낮추는 일)을 통해 진입할 수도 있다(〈그림 7-32〉, 〈그림 7-33〉 참고).

'보정'과 비슷한 개념으로 '응용'을 들 수 있다. 대부분의 '응용'은 수평적 파동 구간 또는 캔들군 유형이 모호하지만 캔들 신호의 유형이 전형적일 때 적용한다. 기본적으로 수익 목표는 3배 상승, 즉 200% 증가를 목표로 하는데 파동 및 캔들군 유형이 모호하다면 단기 상승에 그칠 가능성이 크다. 이때의 단기 상승이란 2배 상승, 즉 100% 증가를 의미한다. 결국 '응용한다' 또는 '단기 대응한다'의 뜻은 기본 수익 목표인 3배까지 매수 포지션을 유지하기에는 불확실성이 클 때 수익 목표를 2배로 하향 조정한다는 의미다.

이에 비해 '보정'은 매수 진입 시점을 늦추는 것이다. 파동 및 캔들군은 전형적이지만 캔들 신호의 유형이 모호할 때 적용하며, 수익 목표는 기존대로 3배로

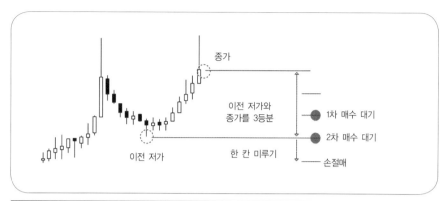

그림 7-32 | 약 보정을 통한 매수 진입

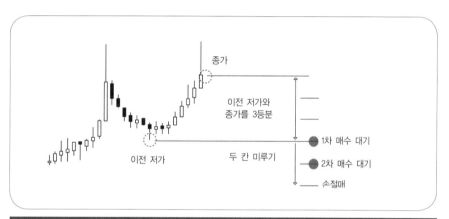

그림 7-33 | 과도한 보정을 통한 매수 진입

설정할 수 있다. 보정은 '약 보정'[16]과 '과도한 보정'[17] 두 가지로 나뉜다. 기본
적으로 약 보정은 캔들 신호만 모호할 때 적용하고, 과도한 보정은 캔들군과 캔
들 신호 모두 모호할 때 적용한다. 하지만 엄격히 구분할 수 있는 것은 아니다

---

16) 캔들 완성 직후, 즉 종가에서 매수하는 게 아니라 약간의 하락 조정을 기다려 매수함을 의미한다. 캔들
신호마다 상황이 다르므로 기본 기준을 정할 수는 없지만 대략적으로 종가~손절매 가격의 약 1/3 지점 또는
중간 지점을 기준으로 하는 경우가 많다.
17) 종가에서 매수 시 각 신호별로 손절매 당하는 가격까지 기다려 매수해야 함을 의미한다.

(이중/다중 꼬리군은 그 자체로 매수 신호가 되므로 캔들군이 아니라 캔들 신호로 분류한다).

　　때로 보정을 통해 진입해야 할지, 응용을 통해 진입해야 할지 판단이 모호한 경우를 접할 수 있다. 이때는 보수적 관점으로 접근, 보정을 우선시한다. 보정과 응용에 대해서는 〈그림 7-34〉를 참고하자.

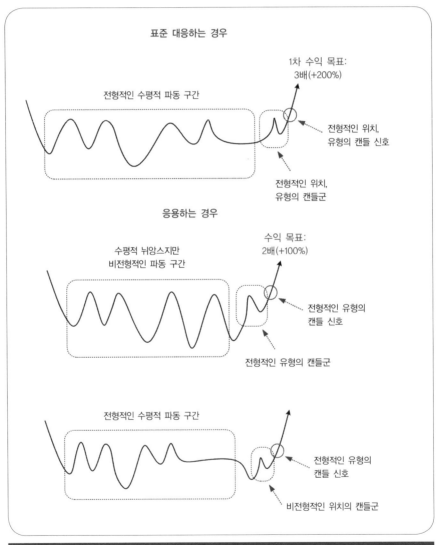

표준 대응하는 경우

1차 수익 목표:
3배(+200%)

전형적인 수평적 파동 구간

전형적인 위치,
유형의 캔들 신호

전형적인 위치,
유형의 캔들군

응용하는 경우

수익 목표:
2배(+100%)

수평적 뉘앙스지만
비전형적인 파동 구간

전형적인 유형의
캔들 신호

전형적인 유형의 캔들군

전형적인 수평적 파동 구간

전형적인 유형의
캔들 신호

비전형적인 위치의 캔들군

그림 7-34 | 표준 대응하는 경우와 응용하는 경우

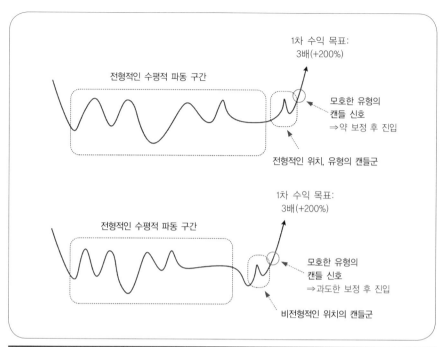

그림 7-35 | 보정하는 경우

    어떨 때 응용하고 보정해야 하는지 명확히 판단하기는 어렵다. 파동, 캔들군, 캔들 신호가 모두 전형적임에도 반대로 하락할 확률이 늘 존재하는 시장에서 응용한다고 무조건 2배 이상 상승하는 것도 아니다. 그리고 보정한다고 해당 진입점까지 정확히 왔다 가는 것도 아니다. 다만 확률적 관점과 대응의 일관성 측면에서 이와 같이 정한 것이다. 그러므로 해당 종목의 모듈 간 전체적인 뉘앙스를 살펴 유연한 해석과 대응을 해나갈 필요가 있다.

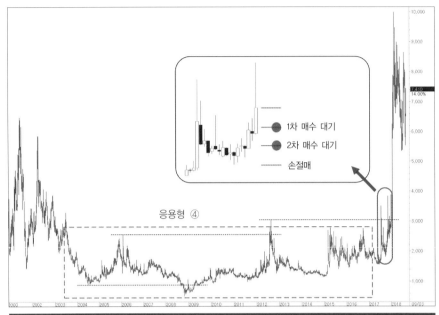

그림 7-36 | 이중 꼬리군 1. 에이코넬(033600) 주간 차트

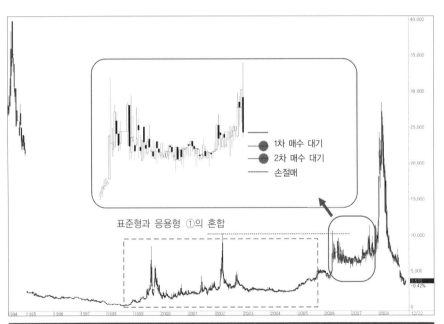

그림 7-37 | 이중 꼬리군 2. 노루홀딩스우(000325) 주간 차트

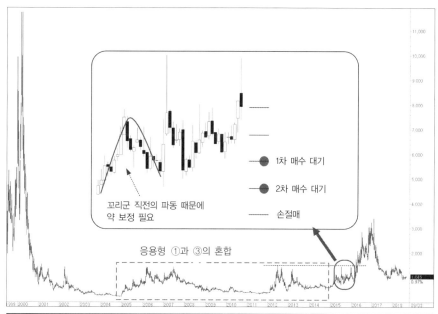

그림 7-38 | 이중 꼬리군 3. 약 보정하는 경우: 대신정보통신(020180) 주간 차트

1차 매수 대기

2차 매수 대기

손절매

꼬리군 직전의 파동 때문에
약 보정 필요

응용형 ①과 ③의 혼합

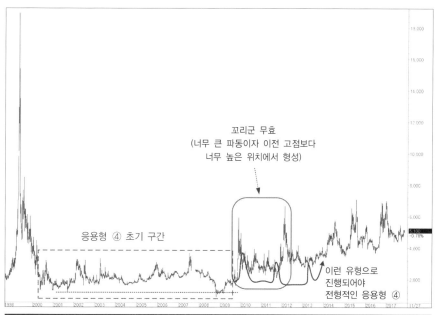

그림 7-39 | 이중 꼬리군 4. 유효하지 않은 유형: 영보화학(014440) 주간 차트

꼬리군 무효
(너무 큰 파동이자 이전 고점보다
너무 높은 위치에서 형성)

응용형 ④ 초기 구간

이런 유형으로
진행되어야
전형적인 응용형 ④

세 개 이상의 긴 위 꼬리로 구성된 캔들군(다중 꼬리군)

다중 꼬리군의 표준 유형과 유효하지 않은 유형은 다음과 같다.

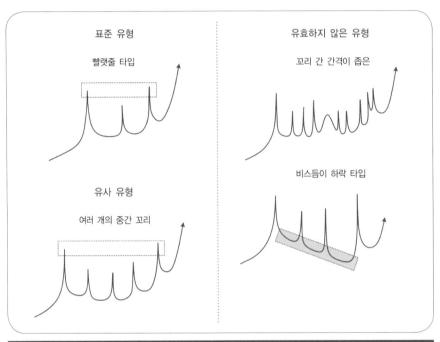

그림 7-40 | 다중 꼬리군의 표준 유형과 유사 유형

첫 번째와 마지막 캔들은 양봉, 음봉을 따지지 않으며, 몸통의 크기 또한 상관없다. 두 캔들 모두 위 꼬리가 동시에 길거나, 한 캔들의 위 꼬리가 그리 길지 않더라도 다른 한 캔들의 위 꼬리는 반드시 길어야 한다. 중간 지대의 위 꼬리 캔들은 1~3개가 일반적이지만, 때에 따라서는 더 많을 수도 있다. 매수 대응 방식은 이중 꼬리군과 같다.

예제 차트를 살펴보자.

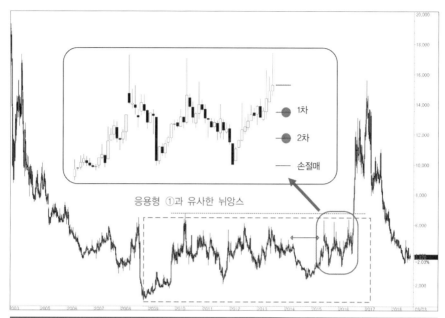

첫 번째 위 꼬리의
1차
2차
손절매

응용형 ①과 유사한 뉘앙스

그림 7-41 | 다중 꼬리군 1. 단기 응용: 로체시스템즈(071280) 주간 차트

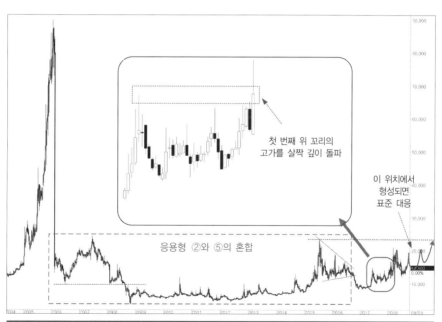

첫 번째 위 꼬리의
고가를 살짝 깊이 돌파

이 위치에서
형성되면
표준 대응

응용형 ②와 ⑤의 혼합

그림 7-42 | 다중 꼬리군 2. 유효하지 않은 유형: 유유제약(000220) 주간 차트

〈그림 7-42〉를 보면 마지막 위 꼬리가 첫 번째 위 꼬리 캔들의 고가를 살짝 깊이 돌파했다. 이중 꼬리군이었다면 다소 모호한 형태가 되겠지만 다중 꼬리군으로서는 용인할 수 있는 수준이다(이중 꼬리군과 다중 꼬리군은 개념적으로 거의 같지만 이 부분에서 미세한 차이점이 있다).

문제는 다중 꼬리군의 형성 위치다. 저점 부근도 고점 부근도 아닌, 고점과 저점 사이 어중간한 지대에 위치해 있다(이전에 수렴캔이 있었지만 후속 움직임을 만들지 못하고 하락한 점도 고려해야 한다). 이에 따라 다중 꼬리군 자체를 무효로 판단하거나 오로지 과도한 보정을 통해서만 매수해야 한다.

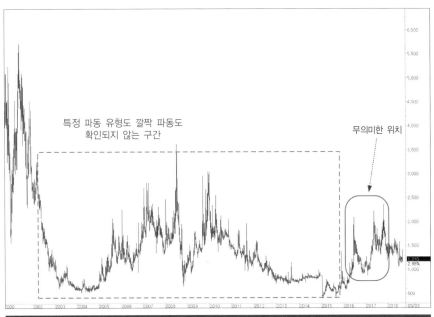

그림 7-43 | 다중 꼬리군 3. 유효하지 않은 유형: 에쎈테크(043340) 주간 차트

고가를 서서히 낮추는 꼬리군(후퇴 꼬리군)

후퇴 꼬리군은 후퇴 캔들군과 파동 유형은 거의 같다. 다만, 각 파동의 고가가 긴 위 꼬리를 가진 캔들 위주로 구성된다. 그리고 후퇴캔과 달리 파동 유형이 그리 엄격하지 않아도 된다는 차이점이 있다.

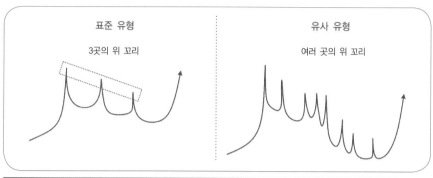

그림 7-44 | 후퇴 꼬리군의 표준 유형과 유사 유형

유사 유형에서 볼 수 있듯이 후퇴 꼬리군의 중간 지대는 위 꼬리 간의 간격이 좁아도 상관없으며, 명확한 파동을 구성하지 않아도 된다. 후퇴 꼬리군은 이중/다중 꼬리군과 달리 그 자체로 매수 신호가 되지 못하고, 후행 캔들 신호의 확인이 필요하다.

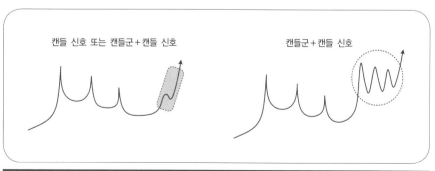

그림 7-45 | 캔들 신호를 필요로 하는 후퇴 꼬리군

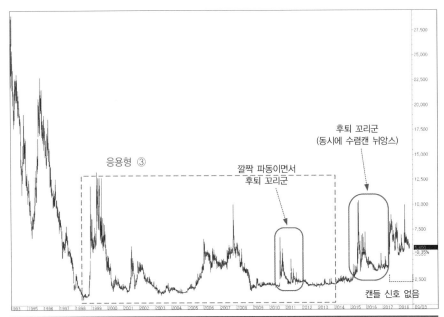

응용형 ③

깔짝 파동이면서
후퇴 꼬리군

후퇴 꼬리군
(동시에 수렴캔 뉘앙스)

캔들 신호 없음

그림 7-46 | 후퇴 꼬리군 1. 흥국화재우(000545) 주간 차트

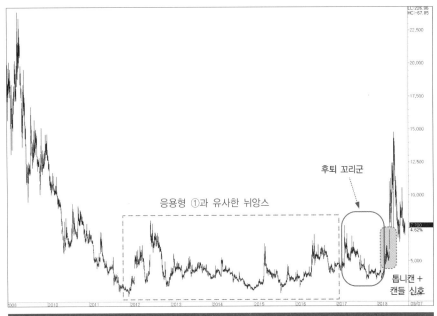

응용형 ①과 유사한 뉘앙스

후퇴 꼬리군

톱니캔 +
캔들 신호

그림 7-47 | 후퇴 꼬리군 2. 단기 응용: 특수건설(026150) 일간 차트

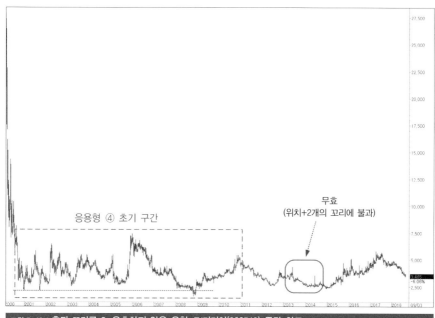

응용형 ④ 초기 구간

무효
(위치+2개의 꼬리에 불과)

그림 7-48 | 후퇴 꼬리군 3. 유효하지 않은 유형: TJ미디어(032540) 주간 차트

　　구성 파동의 크기가 커도 되는 후퇴 꼬리군과 후퇴캔 그리고 수렴캔은 유효한 캔들 신호의 출현 위치에 대해서 공통 요소가 있다.

　　〈그림 7-49〉처럼 캔들군과 별다른 간격이 없는 상태에서 캔들 신호가 출현하는 경우와 충분한 간격이 있는 상태에서 출현하는 경우다.

　　간격이 있다면, 즉 캔들군으로부터 어느 정도 시간을 둔 상태라면 직전 고가 부근이 아니라 좀 더 아래에서 출현할 때도 유효하다.

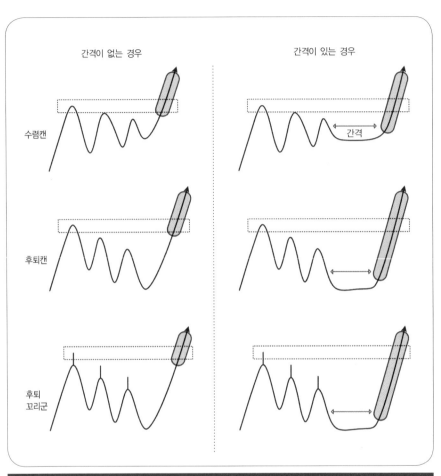

간격이 없는 경우   간격이 있는 경우

수렴캔

간격

후퇴캔

후퇴
꼬리군

그림 7-49 | 캔들 신호의 유효한 출현 위치

05 꼬리군 이후의 대응

이 책에서 소개하는 모든 캔들군, 캔들 신호가 다 그렇지만 매수 신호라고 해서 무조건 2배, 3배 이상 상승하는 것은 아니다. 유의미한 신호는 확률적으로 상승 가능성이 클 뿐, 비록 낮은 확률이라도 반대로 하락할 가능성 또한 늘 존재한다. 이 점을 이해하지 못하면 십 년 공부 도로 아미타불이다.

중요한 것은 상승을 예측하고 흔들림 없이 굳건히 믿는 게 아니라(시중에는 이런 자기 확신을 '심리', '멘탈'로 포장하지만), 상승하면 좋고 하락하더라도(너무나 당연히 그럴 수 있으므로) 유연하게 대응하고 수용하겠다는 기본 자세를 유지하는 것이다.

〈그림 7-50〉처럼 유효한 이중 꼬리군 및 다중 꼬리군 직후에는 짧은 기간 내에 큰 양봉군 위주로 상승하는 것이 정상이다. 단, 적당한 크기의 양봉으로 연속적으로 상승함이 좋으며, 한두 개의 매우 큰 양봉으로 상승하면 다시 큰 하락 조정이 뒤따라오거나 재하락할 가능성이 크므로 주의한다.

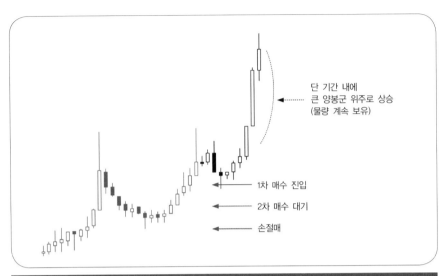

그림 7-50 | 이중 꼬리군과 다중 꼬리군의 매수 1. 정상적인 경우

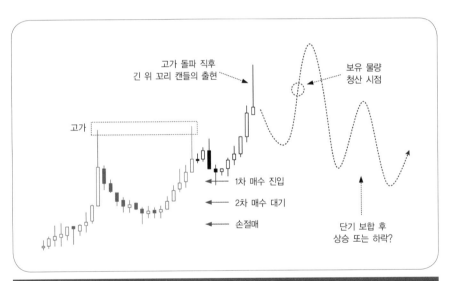

그림 7-51 | 이중 꼬리군과 다중 꼬리군의 매수 2. 청산이 필요한 경우

〈그림 7-51〉의 경우처럼 이중 꼬리군 또는 다중 꼬리군 직후 매수했지만, 얼마 못 가 긴 위 꼬리를 가진 캔들이 출현하면 보유 물량을 정리하고 관망하는

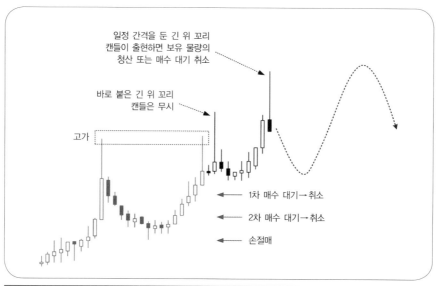

일정 간격을 둔 긴 위 꼬리
캔들이 출현하면 보유 물량의
청산 또는 매수 대기 취소

바로 붙은 긴 위 꼬리
캔들은 무시

고가

1차 매수 대기→취소

2차 매수 대기→취소

손절매

그림 7-52 | 이중 꼬리군과 다중 꼬리군의 매수 3. 취소가 필요한 경우

것이 안전하다. 단, 큰 양봉에 달린 살짝 긴 위 꼬리 정도는 괜찮다.

꼬리군의 완성 시점 직후인 캔들 몇 개 이내에서 형성되는 긴 위 꼬리 캔들은 무시해도 좋다.

1차 매수 대기 지점까지 닿지 못하고 상승한 후 얼마 못 가 긴 위 꼬리 캔들이 출현하면 이후 재하락하더라도 매수에 나서면 안 된다(《그림 7-52》 참고). 반대로 꼬리군의 고가를 살짝 돌파한 후(찔끔 상승한 후) 긴 위 꼬리 캔들이 없는 상황에서 하락할 때는 기존 매수 대기 지점을 고수할 수 있다.

꼬리군 직후 짧은 기간 내 상승해야 정상임에도 불구하고 시간을 끌게 되면 이전 보유 물량을 청산하거나, 매수 대기를 취소할 수밖에 없다. 긴 위 꼬리 캔들이 2~3개 이상 연속해서 출현하는 경우도 마찬가지다(《그림 7-53》 참고).

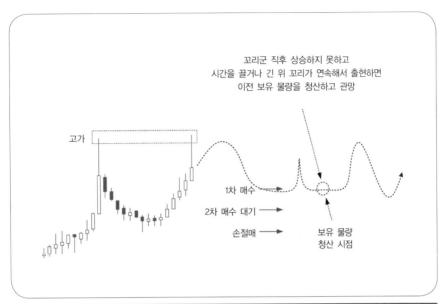

꼬리군 직후 상승하지 못하고
시간을 끌거나 긴 위 꼬리가 연속해서 출현하면
이전 보유 물량을 청산하고 관망

고가

1차 매수

2차 매수 대기

손절매

보유 물량
청산 시점

그림 7-53 | 이중 꼬리군과 다중 꼬리군의 매수 4. 시간을 끄는 경우

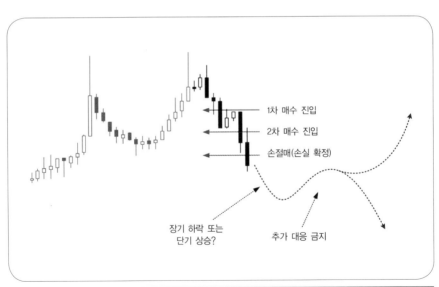

1차 매수 진입

2차 매수 진입

손절매(손실 확정)

장기 하락 또는
단기 상승?

추가 대응 금지

그림 7-54 | 이중 꼬리군과 다중 꼬리군의 매수 5. 손절매하는 경우

〈그림 7-54〉와 같이 유효한 이중 꼬리군 또는 다중 꼬리군에서 매수한 이후 예약한 손절매 주문이 체결되면 추가 대응 없이 관망한다. 손절매 선까지 하락했다면 유효성,[18] 신뢰성[19]을 판단하는 해석 자체에 문제가 있었을 가능성이 크지만(이에 따라 손절매 이후 다시 단기 상승할 수도 있지만), 전형적인 위치, 유형임에도 하락했다면 중장기 하락을 이어갈 가능성이 크므로 추가 대응해서는 안 된다. 실제 차트로 살펴보자.

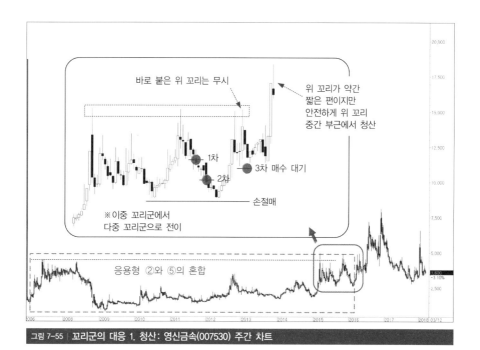

그림 7-55 | **꼬리군의 대응 1. 청산: 영신금속(007530) 주간 차트**

---

18) 유효성은 파동, 캔들군, 캔들 신호가 원래 정해놓은 기준에 부합하는지를 판단한다. 예를 들어 유효한 캔들군이라면 해석하지만, 유효하지 않다면 처음부터 해석 대상으로 삼지 않는다.
19) 신뢰성은 해당 파동, 캔들군, 캔들 신호가 유효하다는 전제하에서 신뢰성이 높은지, 낮은지를 판단한다. 신뢰성은 형성 위치, 유형에 따라 조금씩 달라질 수밖에 없으며, 대략적인 뉘앙스를 가늠한 후 신뢰성이 낮다면 보정 및 응용을 통해 대응해야 한다.

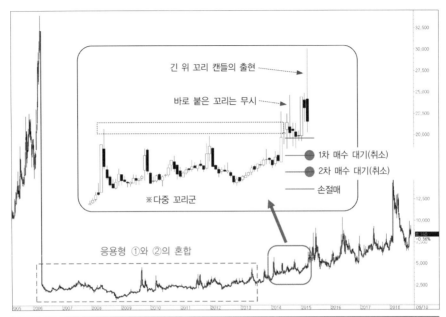

긴 위 꼬리 캔들의 출현

바로 붙은 꼬리는 무시

1차 매수 대기(취소)

2차 매수 대기(취소)

손절매

※다중 꼬리군

응용형 ①와 ②의 혼합

그림 7-56 | 꼬리군의 대응 2. 취소: 고려제약(014570) 주간 차트

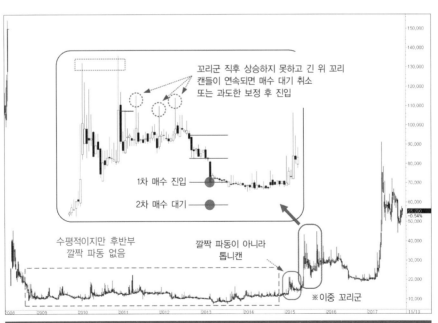

꼬리군 직후 상승하지 못하고 긴 위 꼬리
캔들이 연속되면 매수 대기 취소
또는 과도한 보정 후 진입

1차 매수 진입

2차 매수 대기

수평적이지만 후반부
깔짝 파동 없음

깔짝 파동이 아니라
톱니캔

※이중 꼬리군

그림 7-57 | 꼬리군의 대응 3. 보정 또는 취소: 신원우(009275) 주간 차트

190

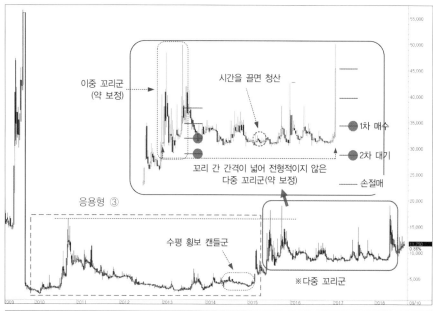

그림 7-58 | 꼬리군의 대응 4. 청산과 보정: 남선알미우(008355) 주간 차트

7장 핵심 정리

　이중 꼬리군과 다중 꼬리군은 그 자체로 매수 신호가 될 수 있다. 하지만 후퇴 꼬리군 및 나머지 캔들군은 수평적 파동 구간과 캔들 신호의 중간 매개체 역할을 한다.

　톱니캔은 독립적 유형이고, 수횡캔에서 파생된 유형에는 상기캔, 수렴캔, 후퇴캔이 있다. 후퇴 꼬리군은 후퇴캔과 개념과 유형이 거의 같으며, 이중 꼬리군과 다중 꼬리군 또한 개념적·유형적으로 거의 같다.

　캔들군과 꼬리군의 표준적인 형성 위치 및 유형을 정리하면 다음과 같다.

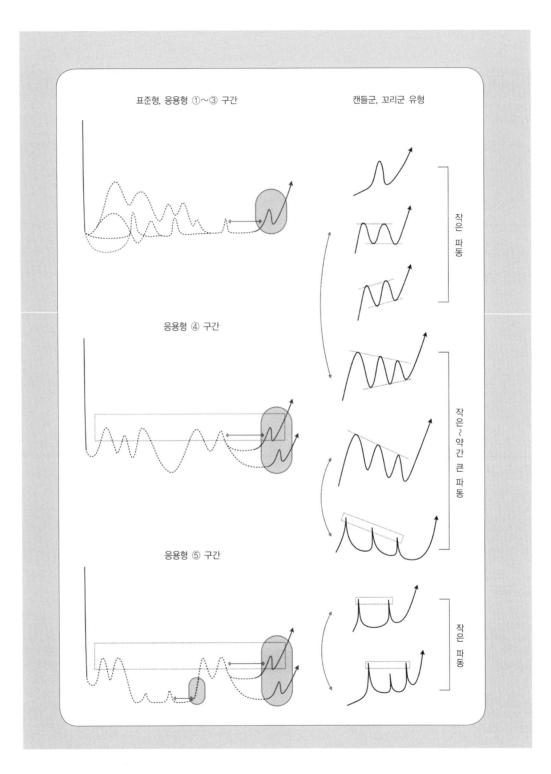

표준형, 응용형 ①~③ 구간

캔들군, 꼬리군 유형

작은 파동

응용형 ④ 구간

작은~약간 큰 파동

응용형 ⑤ 구간

작은 파동

표준형 및 응용형 ①~③ 파동 구간에서 깔짝 파동이 없더라도 형태적으로 유효한 캔들군, 꼬리군이 형성되면 응용(단기 대응)이 가능하다.

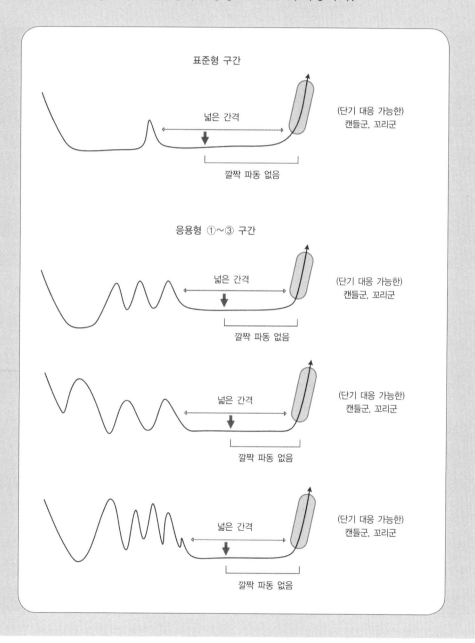

8장

캔들

"기다림에 익숙해질수록
수익을 내는 데도 익숙해진다."

실질적인 매수 신호, 캔들의 구조와 성질

01

주식시장이라는 전쟁터에서 파동과 캔들군이 '총'이라면 캔들 패턴은 '방아쇠'라고 할 수 있다. 방아쇠를 당길 수 없는 총은 장식품에 불과하다. 이번 장에서는 어떤 캔들 패턴이 '매수'라는 격발 장치로 작용하는지 살펴볼 것이다.

캔들은 캔들스틱(Candlestick)의 줄임말로 기본 구조는 다음과 같다.

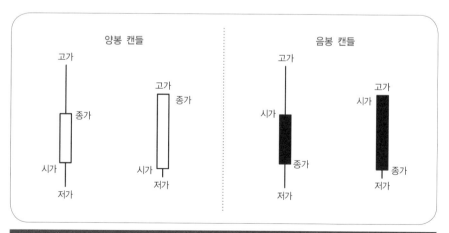

그림 8-1 | 캔들의 기본 구조

- 시가 : 장 시작 가격 ┃ 종가 : 장 마감 가격
- 고가 : 장 중 가장 높은 가격 ┃ 저가 : 장 중 가장 낮은 가격

캔들매매에서는 주간 차트와 일간 차트에서의 캔들만 취급한다. 주간 차트에서는 동일 형태의 캔들이라도 일간 차트에서는 다양한 가격 흐름을 지닌 다섯 개의 캔들이 형성된다. 개수가 늘어날수록 해석이 복잡해지고 무의미한 캔들에 의한, 또는 이전 캔들의 의미를 교란하는 새로운 캔들에 의한 노이즈(Noise) 발생 확률이 높아진다. 따라서 시간 움직임이 느리더라도 주간 차트에서의 캔들 위주로 해석하고 대응하는 것이 효과적이다(일간 차트는 주간 차트의 해석 보조용으로 활용할 수 있다).

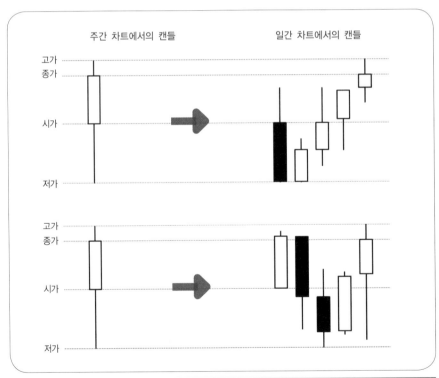

그림 8-2 | 주간 차트에서의 캔들 vs. 일간 차트에서의 캔들

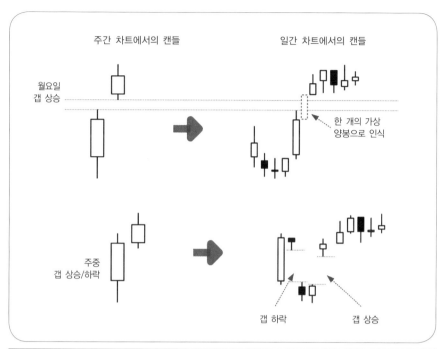

그림 8-3 | 주간 차트에서의 갭 vs. 일간 차트에서의 갭

　월요일 장 개시 후 갭 상승 또는 갭 하락이 발생하지 않는 한 주간 차트에서는 갭이 발생하지 않는다. 월요일 갭 상승 또한 대부분 그 폭이 미미하여 캔들 해석에 거의 영향을 미치지 않는다. 하지만 일간 차트로 내려가면 발생 빈도가 높아지고 갭의 간극 또한 커진다. 이때는 갭을 하나의 캔들로 인식하여 해석하도록 한다.

　그동안 시중에서는 〈그림 8-4〉와 같이 단순한 관점으로 캔들을 해석하는 경향이 있었다. 예를 들어 위 꼬리가 없는 큰 양봉이면 매수세가 강하고, 위 꼬리가 긴 캔들이면 매도세가 강하다는 식이다. 하지만 캔들의 형성 과정과 배경은 훨씬 더 복잡하고 규칙성이 빈약하다.

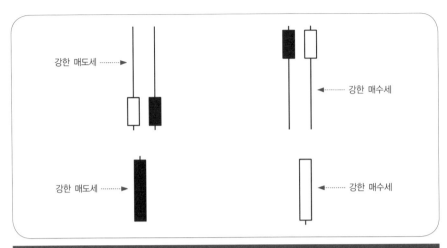

그림 8-4 | 캔들을 보는 시중의 관점

강한 매도세

강한 매수세

강한 매도세

강한 매수세

캔들은 소위 '세력'의 주도에 의해 계획적으로 만들어질 때도 있다. 하지만 불특정 투자자의 온갖 이해타산과 엇갈리는 타이밍에 의해 우연히 만들어지는 경우가 대부분이다.

상승하던 중에 출현한 긴 위 꼬리 음봉을 예로 들어보자. 단순 형태로만 따지면 〈그림 8-5〉에서처럼 얼마든지 다양한 해석이 가능하다. 차트상의 모든 캔들, 또는 아무 위치에서나 캔들을 해석한다면 '귀에 걸면 귀걸이, 코에 걸면 코걸이' 식이 되고 만다.

상승하는 와중에 출현하는 긴 위 꼬리 음봉은 다수 투자자의 수익 청산 흔적일 수도 있고, 손실 청산(손절매) 흔적일 수도 있다. 나아가 시장의 연쇄적 매도를 불러 추가 하락할 수도 있다. 하지만 세력을 포함한 저가 매수를 노리는 새로운 시장 참여자에게 자양분이 됨으로써 상승 반전할 수도 있다. 한마디로 그때그때 다를 수밖에 없다.

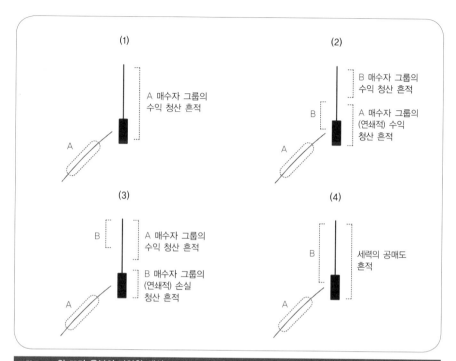

그림 8-5 │ 위 꼬리 음봉의 다양한 해석

　어느 쪽이든 시세의 흐름이 분명해지는 '그때'란 파동과 캔들군으로 대변되는 형성 위치, 이전 흐름과 연계한 타이밍으로 유추할 수 있다. 왜 그런 위치, 그런 타이밍에서 나왔는지를 고려하지 않은 채 형태만으로 해석하면 공상과학 소설과 다름없어진다.

　또 100개의 캔들이 있다고 할 때 100개 캔들 모두가 (다음 흐름의 전개를 유추해 볼 수 있는) 의미적 단서를 제공하지 않는다. 군이 따지면 몇 개에 불과한 소수 캔들이 나머지 100개 가까운 캔들의 형성에 지대한 영향을 미치며 이끌어간다고 할 수 있다. 따라서 캔들 해석의 핵심은 '시세의 크고 작은 흐름을 바꾸는 소수의 캔들'을 찾아낸 다음 확률적으로 해석하는 것이다. 이번 장에서 그런 소수 캔들의 종류와 특징, 활용 방법에 대해 알아보고자 한다.

시중에는 한 개 또는 여러 개 캔들을 합친 캔들 패턴에 대해 잉태형, 반격형, 타스키형 등 다양한 명칭과 의미를 부여한다. 하지만 모두 잊도록 하자.

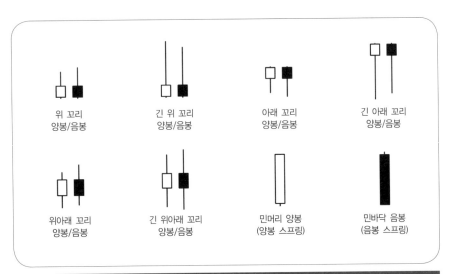

그림 8-6 | 꼬리 길이에 따른 캔들 분류

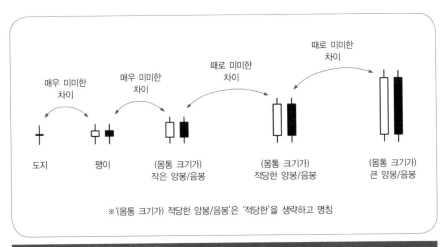

그림 8-7 | 몸통 크기에 따른 캔들 분류

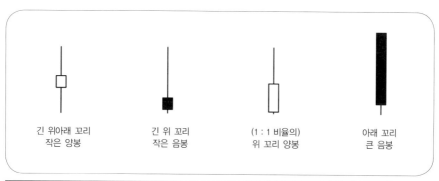

| 긴 위아래 꼬리 | 긴 위 꼬리 | (1 : 1 비율의) | 아래 꼬리 |
| 작은 양봉 | 작은 음봉 | 위 꼬리 양봉 | 큰 음봉 |

그림 8-8 | 꼬리 길이와 몸통 크기의 조합 예

캔들매매에서는 꼬리 길이 및 몸통 크기에 따라 캔들을 구분하며, 장대봉, 특히 장대양봉은 따로 해석하지 않는다.

캔들 명칭은 '꼬리 길이 → 몸통 크기 및 종류' 순으로 정한다.

캔들의 몸통 크기 및 꼬리 길이는 객관적으로 정확히 구분할 수 없고, 그런 식의 구분이 중요하지도 않다. 캔들 하나의 단편적인 형태보다는 파동, 캔들군, 캔들 간의 유기적인 조합이 더 중요하다. 다만, 개개인별 터무니없는 해석을 방지하기 위해 대다수가 공감하고 인지할 수 있는 대략적인 경계를 사전에 정해두었다.

다양한 캔들 형태 중 매수 신호가 될 수 있는 소수의 특정 캔들 패턴은 다음과 같다.

- 양봉 스프링
- 긴 위아래 꼬리 작은 양봉
- 6패턴

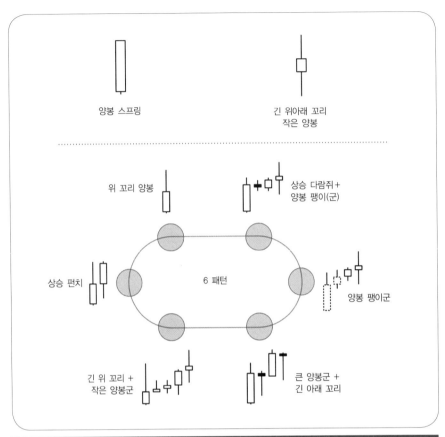

그림 8-9 | 매수 신호가 되는 3종 8개의 캔들 패턴

각각의 패턴을 살펴보기에 앞서 먼저 해석의 기본이 되는 몇몇 캔들의 기본 성질[20]을 알아보자. 사전에 기본 성질을 정의해놓아야만 정상적으로 가든 반대로 가든 유연한 해석과 대응을 할 수 있다.

---

20) 여기서 말하는 성질이란, 확률적으로 그럴 가능성이 큰 기본적인 성질이나 성향을 의미한다. 확률은 70%, 80%, 90%와 같이 고착된 것이 아니라 대체로 그런 것이다.

캔들의 기본 성질 1

① 위 꼬리 캔들은 계속 상승하려는 기본 성질이 있다.

② 아래 꼬리 캔들은 하락하려는 기본 성질이 있다.

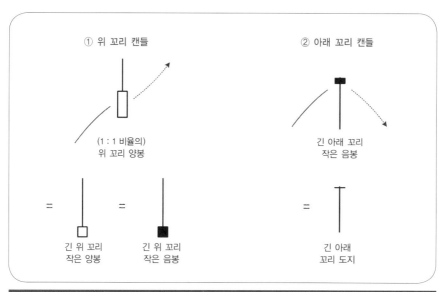

그림 8-10 | 캔들의 기본 성질 1

　　이것은 (직전에 단기라도 상승 움직임이 있었던) 상승 와중에 출현할 때다. 하락하는 와중에 출현할 때도 비슷한 성질을 보이지만, 이 책에서 다루지는 않을 것이다. 또 위 꼬리 캔들의 경우 몸통과 꼬리 길이의 비율이 약 1:1인 (적당한~큰 몸통을 가진) 위 꼬리 양봉만 매수 신호로 취급한다.

캔들의 기본 성질 2

③ 위아래 꼬리 캔들은 계속 상승하려는 기본 성질이 있다.

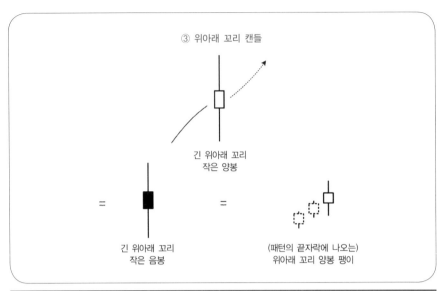

그림 8-11 | 캔들의 기본 성질 2

이 책에서는 긴 위아래 꼬리 작은 양봉과 위아래 꼬리 양봉 팽이만 매수 신호로 다룬다.

캔들의 기본 성질 3
④ 위 꼬리가 없는 양봉은 계속 상승하려는 기본 성질이 있다.
⑤ 아래 꼬리가 없는 음봉은 하락하려는 기본 성질이 있다.

왜 기본 성질을 이렇게 정의한 것인지, 근거가 무엇인지에 대해 설명하기는 어렵다. 캔들 형성에 있어 어떤 명확한 원리나 숨은 의미란 없다고 보는 것이 맞다. 다만, 과거 차트를 돌아보면 '확률적으로 그럴 가능성이 크다'는 일종의 통계는 존재한다. 나아가 '확률적으로 상승 가능성이 큼에도 반대로 하락할 때는 또 어떠어떠하다'는 통계적 일관성을 보이는 캔들 패턴이 있다. 그런 소수의 주

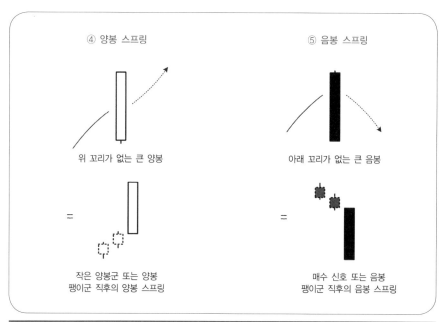

④ 양봉 스프링

위 꼬리가 없는 큰 양봉

=

작은 양봉군 또는 양봉
팽이군 직후의 양봉 스프링

⑤ 음봉 스프링

아래 꼬리가 없는 큰 음봉

=

매수 신호 또는 음봉
팽이군 직후의 음봉 스프링

그림 8-12 | 캔들의 기본 성질 3

목할 만한 패턴을 매수 신호 겸 하나의 해석 기준으로 삼은 것이다.

　시장과 차트의 진리는 '명확한 성공 방정식이나 공식이 없다'이다. 단지 확률만 존재하는데 확률은 말 그대로 확률일 뿐, 100%가 될 수 없다. 1+1은 2가 될 때도, 11이 될 때도 있는 곳이 시장이다. 확률적 모호함을 받아들이지 못한 채 있지도 않은 캔들 형성의 비밀, 원리를 좇아서는 안 된다. 우리가 할 일은 특정 흐름상에서 출현하는 소수의 캔들 패턴을 ('파동', '캔들군'이라는 다른 해석 모듈과 조합하여) 확률적으로 해석하고 유연하게 대응하는 것뿐이다.

　그럼 이러한 기본 성질을 바탕으로 의미 있는 캔들 패턴과 캔들 패턴의 조합에 대해 알아보도록 하자.

매수 신호가 되는 캔들 패턴 ①
양봉 스프링

아래 꼬리가 없거나 매우 짧고 위 꼬리가 없는 양봉을 양봉 스프링이라 한다. 양봉 스프링은 다른 캔들 신호보다 형태적으로 분간하기 쉬운 패턴으로 출현 빈도 또한 높다.

　매수 신호로서의 양봉 스프링은 대부분 몸통 크기가 크며, 작은 양봉군 또는 양봉 팽이군 직후에 출현한다(때에 따라 적당한 크기를 가진 2~3개의 연속된 양봉의 선

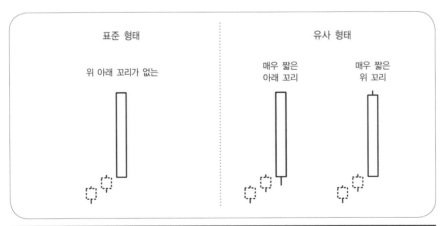

그림 8-13 | 양봉 스프링의 표준 형태 vs. 유사 형태

상에서 출현할 때도 유효하다). 이에 반해 몸통 크기가 어느 정도 있는 음봉 직후에 형성된 양봉 스프링은 해석하지 않는다.

유효한 양봉 스프링의 다음 캔들은 반드시 양봉일 필요가 없다. 양봉 스프링의 기본 대응 기준은 〈그림 8-14〉와 같다.

횡보하던 중 갑자기 출현하는 긴 위 꼬리 큰 양봉 또는 긴 아래 꼬리 큰 양봉은 단기 수익을 노린 세력의 작전 흔적일 가능성이 크다. 하지만 양봉 스프링은 확률적으로 그럴 개연성이 낮다. 다만, 어떤 흐름, 어떤 위치에서 형성되었는지가 중요하다. 이때 흐름과 위치란 앞서 배운 대로 수평적 파동 구간과 캔들군 구간을 의미한다.

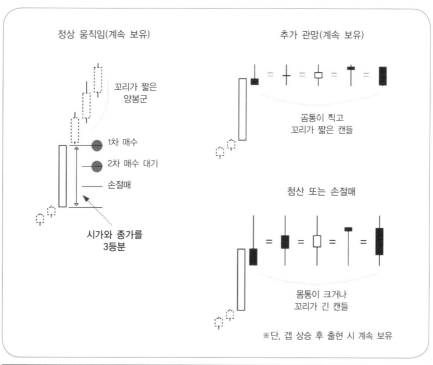

정상 움직임(계속 보유)

꼬리가 짧은
양봉군

1차 매수
2차 매수 대기
손절매

시가와 종가를
3등분

추가 관망(계속 보유)

몸통이 짙고
꼬리가 짧은 캔들

청산 또는 손절매

몸통이 크거나
꼬리가 긴 캔들

※단, 갭 상승 후 출현 시 계속 보유

그림 8-14 | 양봉 스프링의 기본 대응 기준

'상승할 때가 무르익은 위치'로도 표현할 수 있는, 양봉 스프링의 표준 형성
위치는 〈그림 8-15〉와 같다.

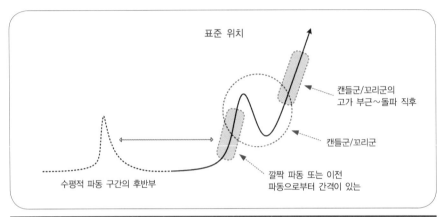

그림 8-15 | 양봉 스프링의 표준 형성 위치

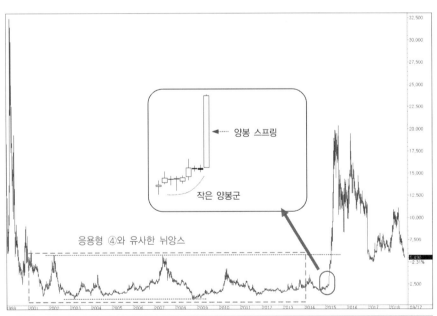

그림 8-16 | 양봉 스프링 1. 유니셈(036200) 주간 차트

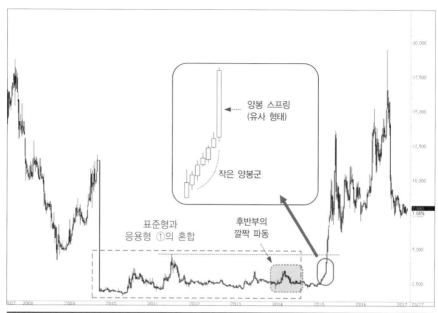

그림 8-17 | 양봉 스프링 2. JW홀딩스(096760) 주간 차트

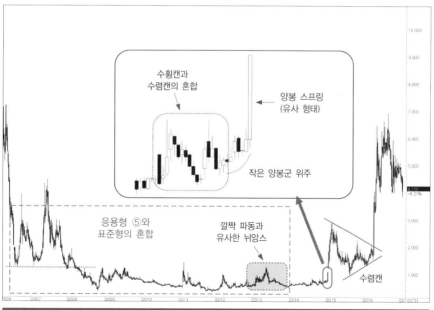

그림 8-18 | 양봉 스프링 3. 뉴보텍(060260) 주간 차트

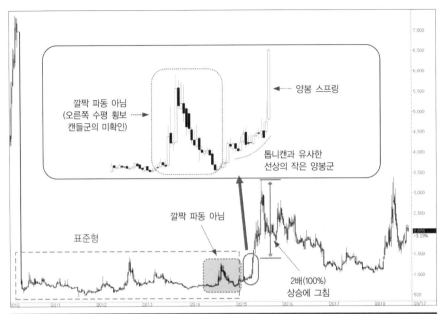

깔짝 파동 아님
(오른쪽 수평 횡보
캔들군의 미확인)

양봉 스프링

톱니캔과 유사한
선상의 작은 양봉군

표준형

깔짝 파동 아님

2배(100%)
상승에 그침

그림 8-19 | 양봉 스프링 4. 단기 응용: 대원전선(006340) 주간 차트

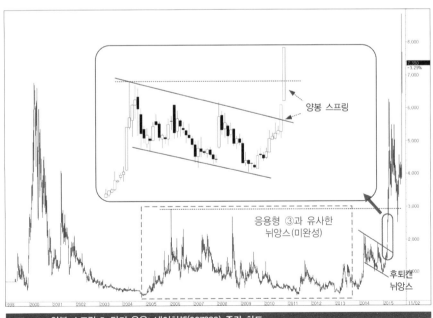

양봉 스프링

응용형 ③과 유사한
뉘앙스(미완성)

후퇴캔
뉘앙스

그림 8-20 | 양봉 스프링 5. 단기 응용: 네이처셀(007390) 주간 차트

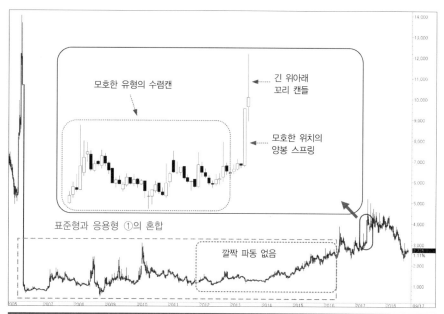

그림 8-21 | 양봉 스프링 6. 유효하지 않은 유형: 한신기계(011700) 주간 차트

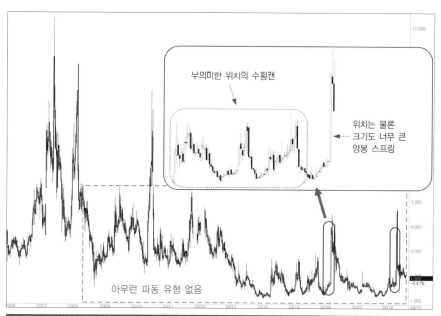

그림 8-22 | 양봉 스프링 7. 유효하지 않은 유형: SM Life Design(063440) 주간 차트

03 매수 신호가 되는 캔들 패턴 ②
긴 위아래 꼬리 작은 양봉

긴 위아래 꼬리 작은 양봉의 몸통은 양봉 팽이 수준이거나 약간 더 큰 수준에 머문다. 위아래 꼬리는 몸통 크기와 비교하면 매우 긴 편이며, 두 꼬리의 길이가 비슷할 때가 표준이다. 하지만 어느 한쪽이 좀 더 길어도 상관없다. 긴 위아래 꼬리를 가진 작은 음봉 또는 도지 캔들도 비슷한 성질을 보이지만, 혼선을 방지하기 위해 이 책에서는 긴 위아래 꼬리 작은 양봉만 매수 신호로 취급한다.

긴 위아래 꼬리 작은 양봉은 매수세와 매도세, 두 진영이 서로 공방전을 벌

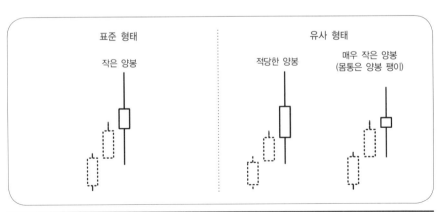

그림 8-23 | 긴 위아래 꼬리 작은 양봉의 표준 형태 vs. 유사 형태

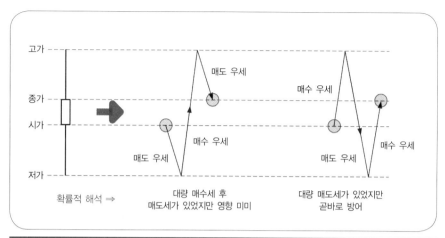

그림 8-24 | 내부 가격 흐름 시나리오

인 후 결국 매수세가 우위를 점하는 뉘앙스를 품고 있다.

위 꼬리 또는 아래 꼬리만 있는 캔들보다 양쪽 꼬리가 모두 있는 캔들은 내부에 더욱 복잡한 가격 흐름 양상을 띤다. 깊이 있는 고찰은 불필요하지만, 이해를 돕기 위해 개념적 의미를 유추해보자(〈그림 8-24〉 참조).

내부에 어떤 가격 흐름을 품고 있든지 상승하는 와중에 출현하는 긴 위아래 꼬리 작은 양봉은 개념적·통계적으로 상승을 지속할 가능성이 크다.

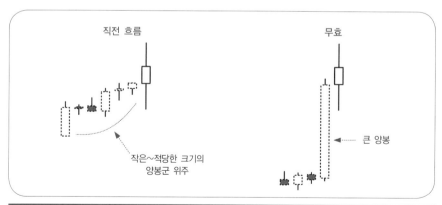

그림 8-25 | 직전 캔들(군)에 따른 긴 위아래 꼬리 작은 양봉의 유효성

긴 위아래 꼬리 작은 양봉의 직전 흐름은 작은~적당한 크기의 양봉군 위주일 때가 표준적이다. 하지만 (양봉 스프링을 포함한) 한 개의 큰 양봉 직후에 출현할 때는 유효하지 않다.

유효한 긴 위아래 꼬리 작은 양봉의 다음 캔들은 반드시 양봉이어야 한다. 다만, 긴 위아래 꼬리를 가진 작은 음봉 또는 도지 캔들이면 다음 캔들의 완성까지 확인할 수 있다. 기본 대응 기준은 〈그림 8-26〉과 같다.

위아래 꼬리 모두 매우 긴 편이 아니거나, 아래 꼬리가 그리 길지 않을 때는 (조금만 하락해도 손절매 선에 닿을 수 있으므로) 저가 약간 아래보다 좀 더 여유를 두어 손절매를 설정해야 한다. 긴 위아래 꼬리 작은 양봉은 종가와 저가 간의 폭이 그리 넓지 않은 경우가 대부분이기 때문에 분할 매수 기준을 적용하지 않는다.

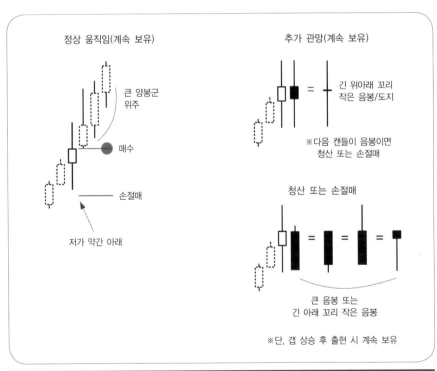

그림 8-26 | 긴 위아래 꼬리 작은 양봉의 기본 대응 기준

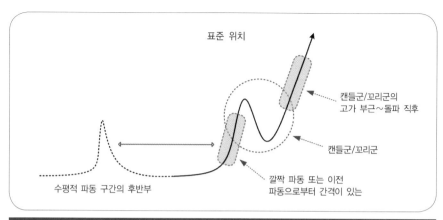

표준 위치

캔들군/꼬리군의
고가 부근~돌파 직후

캔들군/꼬리군

깔짝 파동 또는 이전
파동으로부터 간격이 있는

수평적 파동 구간의 후반부

그림 8-27 | 긴 위아래 꼬리 작은 양봉의 표준 형성 위치

긴 위아래 꼬리 작은 양봉의 표준 위치는 양봉 스프링 및 다른 대부분의 캔들 신호와 같다.

그럼 예제 차트를 통해 긴 위아래 꼬리 작은 양봉의 유효 범위를 살펴보자.

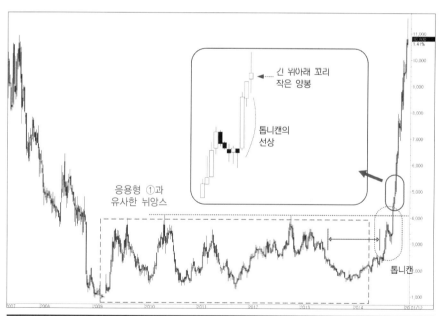

긴 위아래 꼬리
작은 양봉

톱니캔의
선상

응용형 ①과
유사한 뉘앙스

톱니캔

그림 8-28 | 긴 위아래 꼬리 작은 양봉 1. 유니테스트(086390) 주간 차트

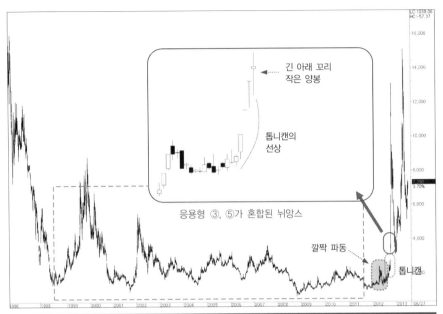

그림 8-29 | 긴 위아래 꼬리 작은 양봉 2. 디아이(003160) 일간 차트

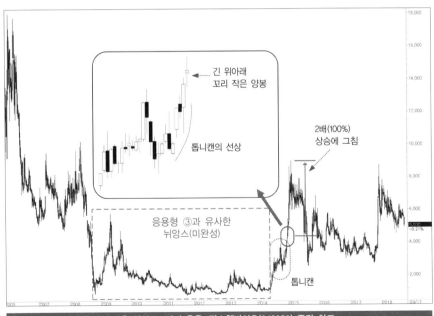

그림 8-30 | 긴 위아래 꼬리 작은 양봉 3. 단기 응용: 팜스웰바이오(043090) 주간 차트

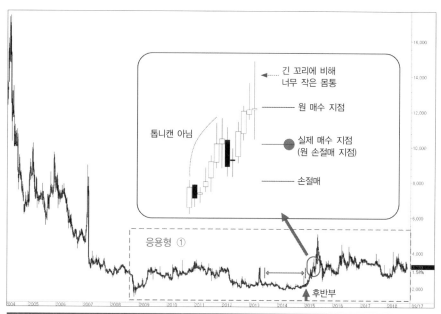

긴 꼬리에 비해
너무 작은 몸통

원 매수 지점

톱니캔 아님

실제 매수 지점
(원 손절매 지점)

손절매

응용형 ①

후반부

그림 8-31 | 긴 위아래 꼬리 작은 양봉 4. 보정 + 응용: 세진티에스(067770) 주간 차트

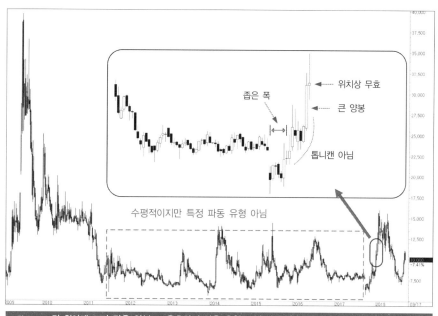

위치상 무효

좁은 폭

큰 양봉

톱니캔 아님

수평적이지만 특정 파동 유형 아님

그림 8-32 | 긴 위아래 꼬리 작은 양봉 5. 유효하지 않은 유형: 이수앱지스(086890) 주간 차트

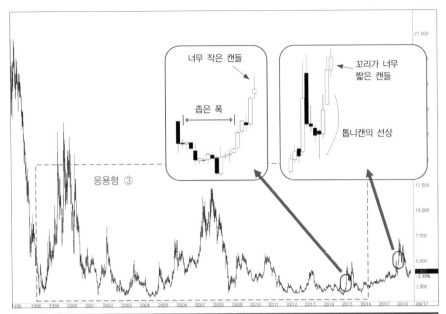

그림 8-33 | 긴 위아래 꼬리 작은 양봉 6. 유효하지 않은 유형: KTB투자증권(030210) 주간 차트

220

서로 연결되는
여섯 가지 캔들 패턴

누구나 찾기 쉽고 보기 좋게 형태가 딱딱 떨어지는 캔들 패턴이 있고, 매수할 때마다 수익이 나면 얼마나 좋을까? 하지만 그런 식의 불로소득은 시장에 존재하지 않는다. 이 책에서 설명하는 각 캔들 패턴은 출현 위치를 포함하여 몸통 크기, 꼬리 길이를 대략 정의할 뿐, 명확한 수치와 기준을 내세우지 않는다. 다만 표준과 표준을 크게 벗어나지 않는 유형을 제시하고 전체적인 뉘앙스를 익히도록 안내할 뿐이다. 따라서 소개하는 캔들 신호가 한눈에 들어오는 명료한 형태가 아니라고 푸념해서는 곤란하다.

외형적 형태를 외우기보다 그 안에 숨은 개념을 이해하면 캔들 해석이 훨씬 쉬울 것이다. 하지만 (있지도 않은, 또는 정확한 분석이 불가능한) 숨은 개념을 깊이 파고들면 엉뚱한 소설 쓰기로 흐르게 된다. 그러므로 외형과 내부 개념의 중간쯤에서 절충점을 찾을 필요가 있다. 즉 비교적 뚜렷한 성질을 보이는 몇몇 캔들을 사전에 정해놓고 관련 캔들을 조합함으로써 확률을 보다 높이는 식으로 전개하는 것이다. 그러면 단편적 형태에 매몰되지 않으면서 동시에 숨은 개념을 억지 해석하려는 시도 또한 하지 않을 것이다.

서로 묶어 해석함이 효과적인 여섯 가지 패턴은 다음과 같다.

① 위 꼬리 양봉

② 상승 펀치

③ 긴 위 꼬리+작은 양봉군

④ 양봉 팽이군

⑤ 상승 다람쥐+양봉 팽이(군)

⑥ 큰 양봉군+긴 아래 꼬리

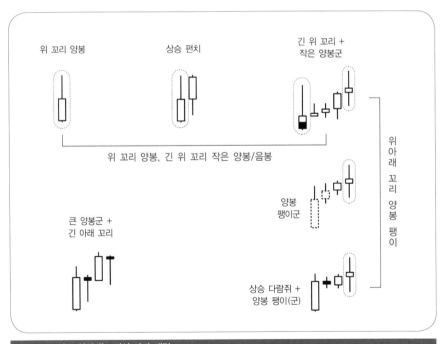

그림 8-34 | 서로 연결되는 여섯 가지 패턴

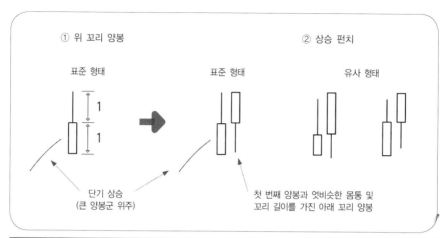

그림 8-35 | 위 꼬리 양봉과 상승 펀치

상승하는 와중에 출현하는 위 꼬리 캔들은 계속 상승하려는 기본 성질이 있다. 그 자체로 매수 신호가 되는 캔들은 (적당한 크기 이상의) 몸통과 꼬리 길이의 비율이 약 1:1인 위 꼬리 양봉이다. 하지만 다음 캔들, 즉 직후 캔들이 아래 꼬리 양봉이면 굳이 1:1 비율이 아니라도 두 캔들을 함께 묶어 매수 신호로 취급한다. 이런 형태를 '상승 펀치'라고 한다.

형태적 경계가 비교적 넓음에도 불구하고 상승 펀치가 어떻게 매수 신호가 될 수 있는지 그 개념적 배경을 잠시 살펴보자(〈그림 8-36〉 참고).

위 꼬리 양봉 및 상승 펀치의 손절매 선은 몸통 크기에 따라 달라진다. 몸통이 크다면 시가 및 저가 약간 아래에, 몸통이 작다면 그보다 더 여유를 두어 설정한다. 위 꼬리 양봉 및 상승 펀치의 직전 흐름은 다른 패턴과 달리 큰 양봉군 위주여야 한다. 큰 양봉군 위주라는 것은 2~3개의 큰 양봉이 포함된 단기 상승 움직임을 말한다.

몸통과 꼬리 비율이 1:1 수준이 아니더라도 다른 형태의 긴 위 꼬리 캔들 또한 후속 캔들과 서로 소통하는 역할을 한다(〈그림 8-37〉 참고).

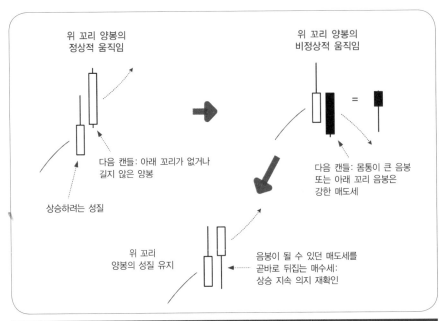

그림 8-36 | 위 꼬리 양봉의 정상적 움직임 vs. 비정상적 움직임

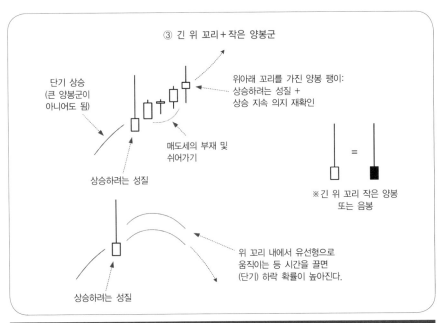

그림 8-37 | 후행 캔들과 조합되는 긴 위 꼬리 캔들

224

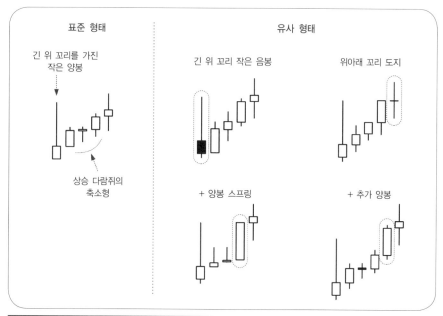

그림 8-38 | 긴 위 꼬리+작은 양봉군의 표준 형태 및 유사 형태

긴 위 꼬리+작은 양봉군은 〈그림 8-38〉과 같이 다양한 캔들로 구성될 수 있다.

긴 위 꼬리+작은 양봉군은 여러 캔들의 성질이 조합된 뉘앙스다. 위 꼬리 캔들과 긴 위아래 꼬리 캔들이 그렇고, 심지어 이중 꼬리군의 뉘앙스가 묻어 있을 때도 있다. 캔들 하나하나의 단편적인 형태를 외우기보다 전체 캔들의 뉘앙스를 익히는 게 중요한 이유다.

긴 위 꼬리+양봉군의 기본 대응 기준은 긴 위아래 꼬리 작은 양봉과 거의 같다. 하지만 분할 매수 기준을 적용한다는 차이점이 있다(〈그림 8-39〉 참고).

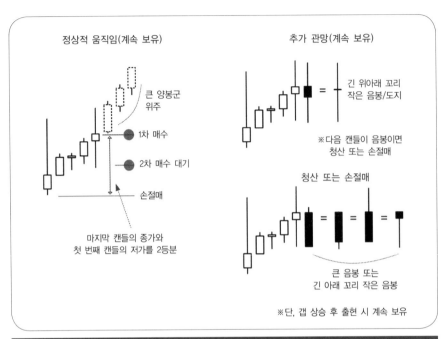

그림 8-39 | 긴 위 꼬리+작은 양봉군의 기본 대응 기준

양봉 스프링처럼 출현 빈도가 높고, 캔들 해석에서 중요한 역할을 하는 패턴이 바로 양봉 팽이다. 양봉 팽이는 팽이처럼 생긴 캔들을 의미하며, 몸통 크기는 도지보다 크고, 작은 양봉보다는 약간 작은 뉘앙스다.

양봉 팽이 2~5개가 연속되면 양봉 팽이군이라 하며, 마지막 양봉 팽이는 가능한 위아래 꼬리를 동시에 지니고 있어야 한다. 유효한 양봉 팽이군은 〈그림 8-40〉과 같이 '큰 양봉+작은 캔들' 직후에 위치한다.

일반적인 양봉 팽이와 매수 신호가 될 수 있는 긴 위아래 꼬리 작은 양봉의 차이는 〈그림 8-41〉과 같다. 두 캔들 간의 구분이 모호할 때가 있지만, 어느 쪽이든 유효성을 판단하는 데 큰 지장을 초래하지는 않는다.

226

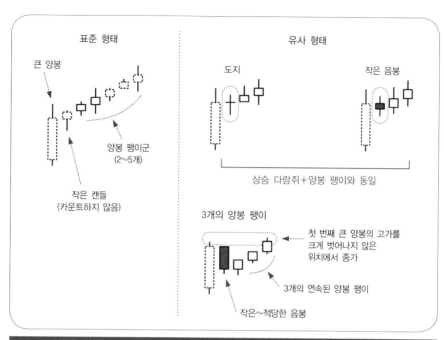

그림 8-40 | 양봉 팽이군의 표준 형태 및 유사 형태

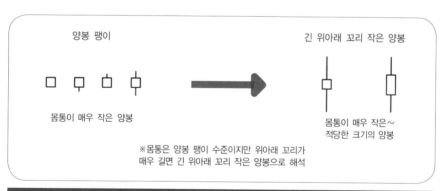

그림 8-41 | 양봉 팽이 vs. 긴 위아래 꼬리 작은 양봉

양봉 팽이와 떼려야 뗄 수 없는 패턴이 상승 다람쥐다. 상승 다람쥐는 3~4
개의 캔들로 구성된다.

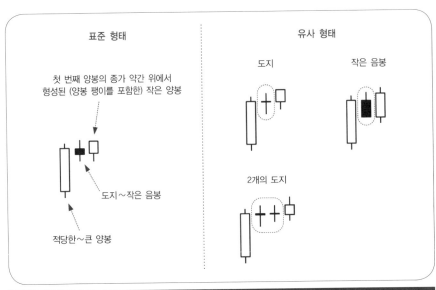

표준 형태

유사 형태

첫 번째 양봉의 종가 약간 위에서
형성된 (양봉 팽이를 포함한) 작은 양봉

도지

작은 음봉

도지~작은 음봉

적당한~큰 양봉

2개의 도지

그림 8-42 | 상승 다람쥐의 표준 형태 및 유사 형태

상승 다람쥐가 매수 신호가 되기 위해서는 한 개의 위아래 꼬리를 지닌 양봉 팽이 또는 양봉 팽이군과 조합되어야 한다(〈그림 8-43〉 참조).

양봉 팽이군 및 상승 다람쥐+양봉 팽이(군)의 기본 대응 기준 또한 '긴 위 꼬리+양봉군'과 같다(〈그림 8-44〉 참조).

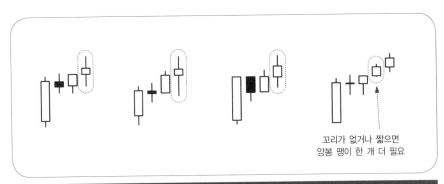

꼬리가 없거나 짧으면
양봉 팽이 한 개 더 필요

그림 8-43 | 상승 다람쥐+양봉 팽이(군)의 조합

228

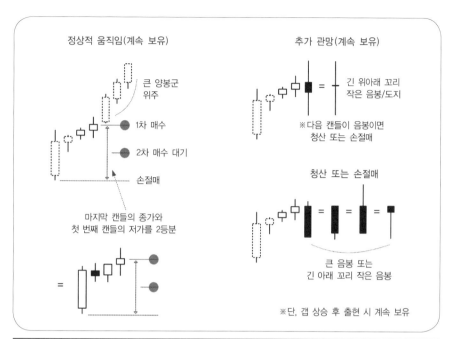

그림 8-44 | 상승 다람쥐+양봉 팽이(군)의 기본 대응 기준

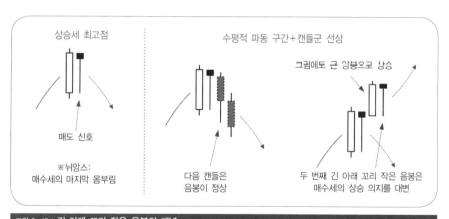

그림 8-45 | 긴 아래 꼬리 작은 음봉의 개념

긴 아래 꼬리 작은 음봉은 기본적으로 하락하려는 성질이 있다. 다만 매도 신호가 되는 전형적인 위치는 상승세의 최고점 부근이다. '수평적 파동 구간+캔

들군 선상'이라는, 하락세 바닥으로부터 단기 상승한 위치에서 출현할 때는 매도 신호가 아니라 다음 흐름을 읽는 하나의 기준으로 활용한다.

큰 양봉군+긴 아래 꼬리의 표준 형태는 〈그림 8-46〉과 같다.

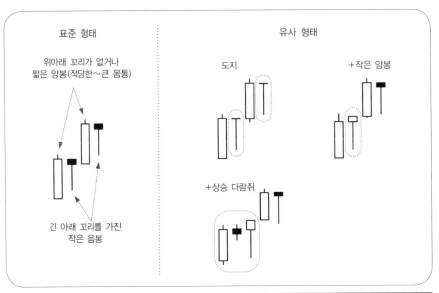

그림 8-46 | 큰 양봉군+긴 아래 꼬리의 표준 형태 및 유사 형태

양봉은 모두 꼬리가 없거나 짧아야 한다. (양봉 스프링 유사 형태처럼) 아래 꼬리가 없고 위 꼬리는 짧은 양봉의 신뢰성이 가장 높다. 첫 번째와 두 번째 아래 꼬리 캔들은 긴 아래 꼬리를 가진 도지, 긴 아래 꼬리를 가진 작은 양봉 등으로 대체될 수 있다.

큰 양봉군+긴 아래 꼬리의 기본 대응 기준은 〈그림 8-47〉과 같다. 만약 두 번째 양봉의 몸통이 적당한 크기라면 손절매 선은 첫 번째 긴 아래 꼬리 작은 음봉의 아래 꼬리 중간에서 약간 아래로 옮겨 설정한다. 또 마지막 캔들의 저가가

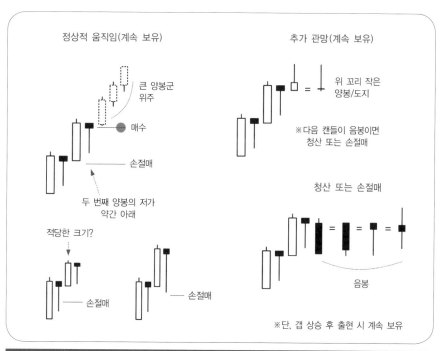

그림 8-47 | 큰 양봉군+긴 아래 꼬리의 기본 대응 기준

두 번째 양봉의 저가 아래에 위치하면 마지막 캔들의 저가 약간 아래를 손절매 선으로 정한다.

지금까지 소개한 3종 8개의 캔들 패턴이 어떤 식으로 조합될 때 매수 신호로 작용하는지 다양한 예를 살펴보기로 하자.

먼저 〈그림 8-48〉은 패턴의 끝자락에서 위아래 꼬리를 가진 양봉 팽이가 출현할 때 매수 신호가 되는 조합의 예다. 〈그림 8-49〉는 패턴의 끝자락에서 출현한 긴 아래 꼬리 작은 캔들과 조합되는 예이고, 〈그림 8-50〉은 끝자락에서 양봉 스프링과 만날 때 매수 신호가 되는 패턴 조합의 대표적인 예다.

이처럼 표준적인 형태 또는 유사 형태는 아니지만 이와 비슷한 유형, 즉 그

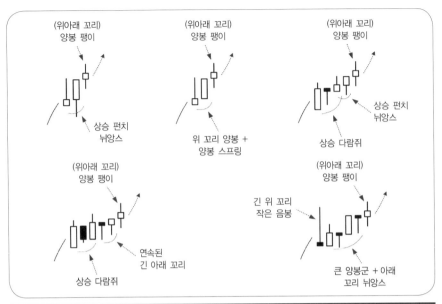

그림 8-48 | 캔들 패턴의 조합 1. 위아래 꼬리를 가진 양봉 팽이

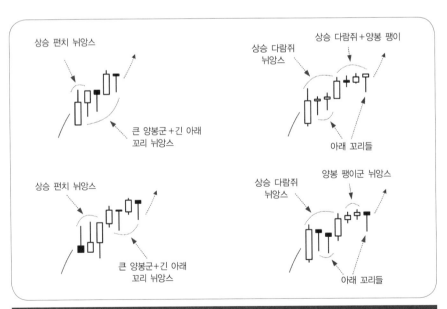

그림 8-49 | 캔들 패턴의 조합 2. 긴 아래 꼬리를 가진 캔들

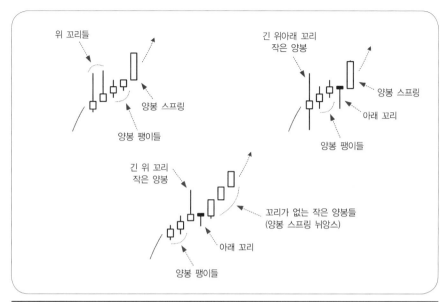

위 꼬리들

긴 위아래 꼬리
작은 양봉

양봉 스프링

아래 꼬리

양봉 스프링

양봉 팽이들

양봉 팽이들

긴 위 꼬리
작은 양봉

꼬리가 없는 작은 양봉들
(양봉 스프링 뉘앙스)

아래 꼬리

양봉 팽이들

그림 8-50 │ 캔들 패턴의 조합 3. 양봉 스프링

런 뉘앙스를 지닌 하나의 패턴이 (양봉 스프링 또는 위아래 꼬리를 가진 작은 양봉/팽이 등) 상승 성질을 지닌 패턴과 만나면 매수 신호로 작용하는 경우가 많다. 따라서 개별 형태를 하나씩 외우지 말고 전체적인 뉘앙스를 익히는 데 주안점을 두어야 한다. 그래야만 다양한 변형을 만나더라도 확률적 해석과 대응을 해나갈 수 있다. 이때 유효한 캔들 패턴은 수평적 파동 구간과 캔들군 구간으로 대변되는 특정 위치에서 형성되어야 한다는 점을 잊어서는 안 된다.

차트에는 매수를 지시하는 신호만 있는 게 아니다. 확률적 매도 신호도 존재하는데, 하락 성질을 지닌 주요 캔들은 〈그림 8-51〉과 같다. 이러한 캔들이 매수 신호 직후에 형성되면, 매도 또는 손절매 후 관망할 수밖에 없다.

〈그림 8-52〉에서 정리한 패턴 중 일부는 상승세 고점에서 형성될 때 청산 신호가 되기도 한다. 하지만 이 책에서 다루기에는 범위가 넓어 생략한다.

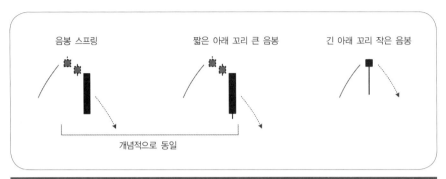

그림 8-51 │ 하락 성질을 지닌 캔들

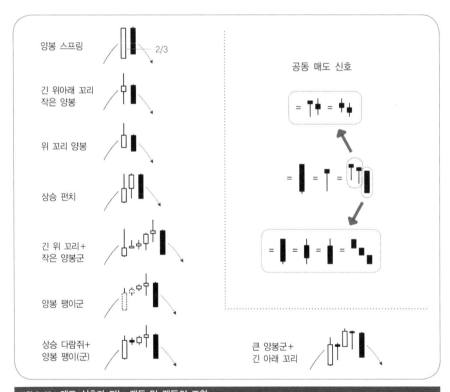

그림 8-52 │ 매도 신호가 되는 캔들 및 캔들의 조합

그럼 지금까지 설명한 여섯 가지 패턴을 실제 차트에서 살펴보자.

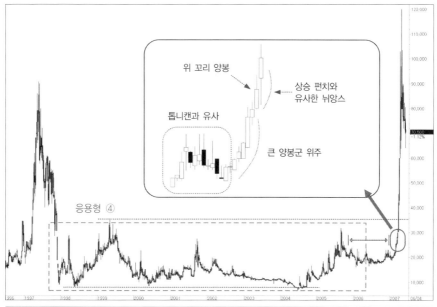

그림 8-53 | 위 꼬리 양봉 1. 한국석유(004090) 주간 차트

위 꼬리 양봉

상승 펀치와 유사한 뉘앙스

톱니캔과 유사

큰 양봉군 위주

응용형 ④

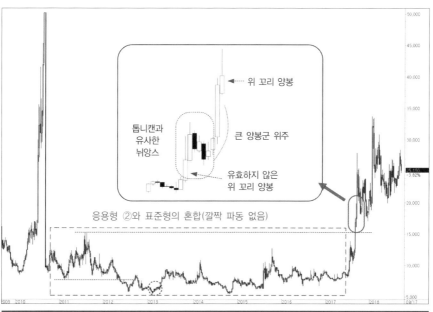

그림 8-54 | 위 꼬리 양봉 2. 단기 응용: 일진다이아(081000) 주간 차트

위 꼬리 양봉

톱니캔과 유사한 뉘앙스

큰 양봉군 위주

유효하지 않은 위 꼬리 양봉

응용형 ②와 표준형의 혼합(깔짝 파동 없음)

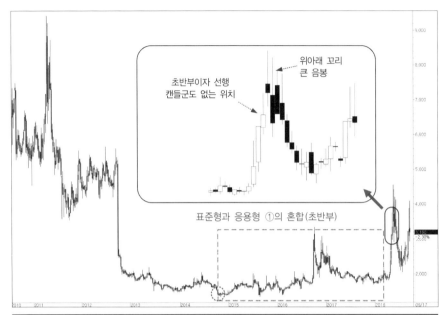

위아래 꼬리
큰 음봉

초반부이자 선행
캔들군도 없는 위치

표준형과 응용형 ①의 혼합(초반부)

그림 8-55 │ 위 꼬리 양봉 3. 유효하지 않은 유형: 티플랙스(081150) 주간 차트

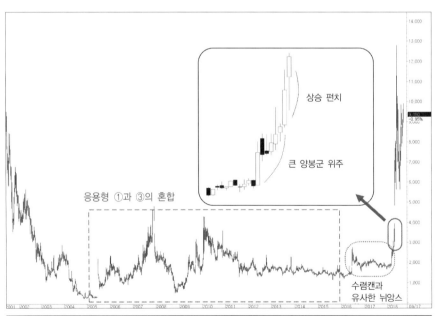

상승 펀치

큰 양봉군 위주

응용형 ①과 ③의 혼합

수렴캔과
유사한 뉘앙스

그림 8-56 │ 상승 펀치 1. 대아티아이(045390) 주간 차트

236

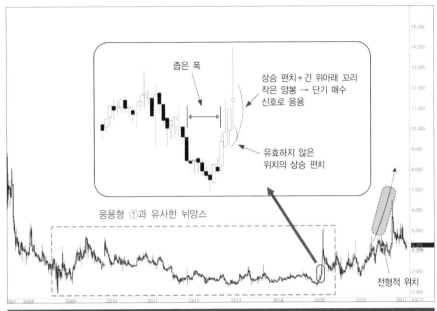

그림 8-57 | 상승 펀치 2. 단기 응용: S&K폴리텍(091340) 주간 차트

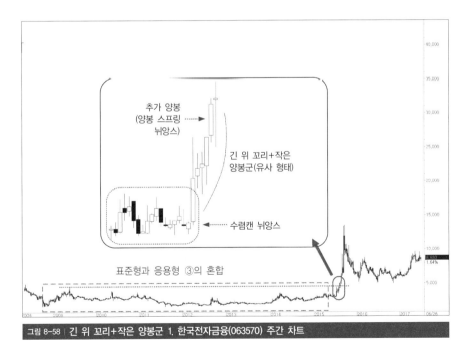

그림 8-58 | 긴 위 꼬리+작은 양봉군 1. 한국전자금융(063570) 주간 차트

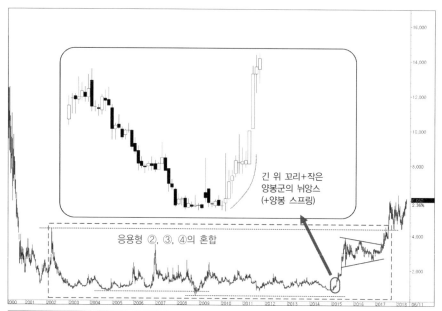

긴 위 꼬리+작은
양봉군의 뉘앙스
(+양봉 스프링)

응용형 ②, ③, ④의 혼합

그림 8-59 │ 긴 위 꼬리+작은 양봉군 2. 단기 응용: 코웰패션(033290) 주간 차트

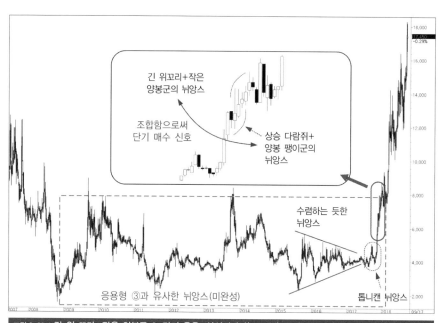

긴 위꼬리+작은
양봉군의 뉘앙스

조합함으로써
단기 매수 신호

상승 다람쥐+
양봉 팽이군의
뉘앙스

수렴하는 듯한
뉘앙스

응용형 ③과 유사한 뉘앙스(미완성)

톱니캔 뉘앙스

그림 8-60 │ 긴 위 꼬리+작은 양봉군 3. 단기 응용: 상신이디피(091580) 주간 차트

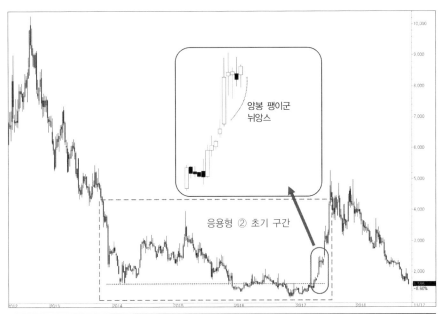

양봉 팽이군
뉘앙스

응용형 ② 초기 구간

그림 8-61 | 양봉 팽이군 단기 응용: 유니슨(018000) 주간 차트

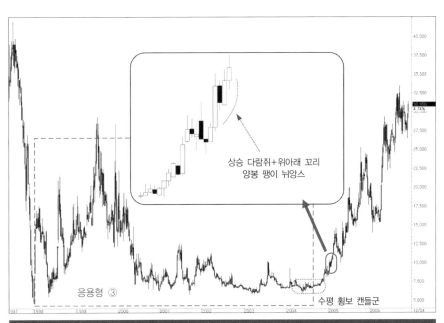

상승 다람쥐+위아래 꼬리
양봉 팽이 뉘앙스

응용형 ③

수평 횡보 캔들군

그림 8-62 | 상승 다람쥐+양봉 팽이(군) 1. 동화약품(000020) 주간 차트

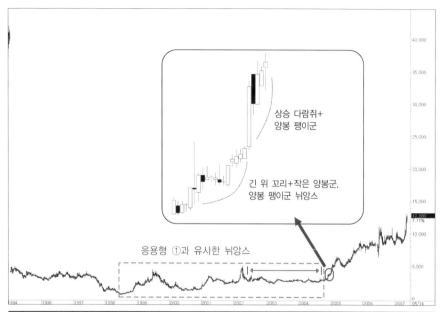

그림 8-63 | 상승 다람쥐+양봉 팽이(군) 2. 노루홀딩스(000320) 주간 차트

상승 다람쥐+
양봉 팽이군

긴 위 꼬리+작은 양봉군,
양봉 팽이군 뉘앙스

응용형 ①과 유사한 뉘앙스

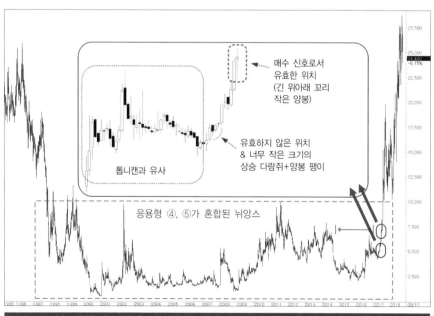

매수 신호로서
유효한 위치
(긴 위아래 꼬리
작은 양봉)

유효하지 않은 위치
& 너무 작은 크기의
상승 다람쥐+양봉 팽이

톱니캔과 유사

응용형 ④, ⑤가 혼합된 뉘앙스

그림 8-64 | 상승 다람쥐+양봉 팽이(군) 3. 유효하지 않은 유형: 코스모신소재(005070) 주간 차트

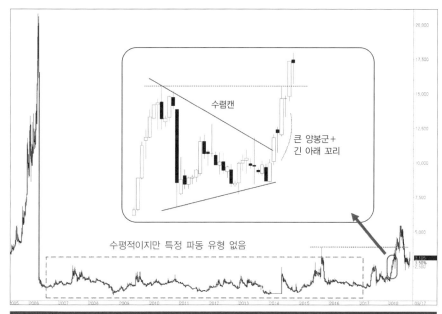

수렴캔

큰 양봉군+
긴 아래 꼬리

수평적이지만 특정 파동 유형 없음

그림 8-65 │ 큰 양봉군+긴 아래 꼬리 단기 응용: 동양네트웍스(030790) 주간 차트

8장 핵심 정리

모든 유효한 캔들 신호의 표준 형성 위치는 다음과 같다.

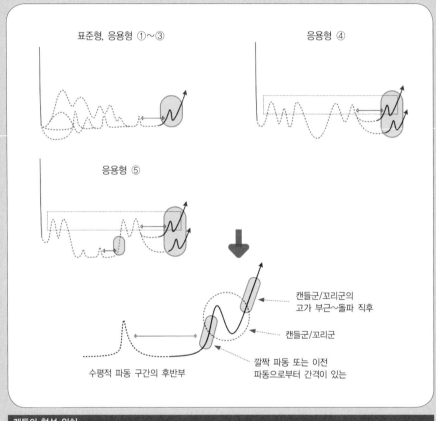

표준형, 응용형 ①~③

응용형 ④

응용형 ⑤

캔들군/꼬리군의
고가 부근~돌파 직후

캔들군/꼬리군

깔짝 파동 또는 이전
파동으로부터 간격이 있는

수평적 파동 구간의 후반부

캔들의 형성 위치

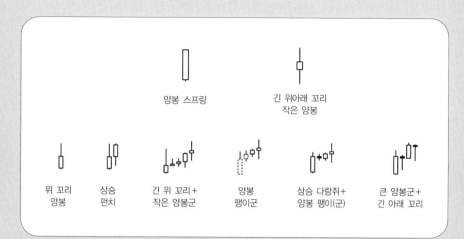

양봉 스프링

긴 위아래 꼬리
작은 양봉

위 꼬리
양봉

상승
펀치

긴 위 꼬리+
작은 양봉군

양봉
팽이군

상승 다람쥐+
양봉 팽이(군)

큰 양봉군+
긴 아래 꼬리

3종 8개의 캔들 패턴

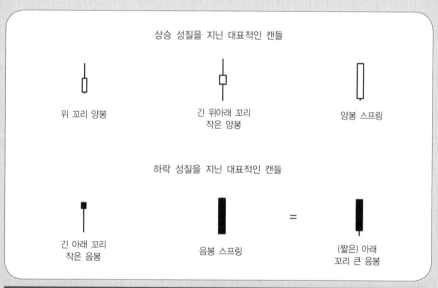

상승 성질을 지닌 대표적인 캔들

위 꼬리 양봉

긴 위아래 꼬리
작은 양봉

양봉 스프링

하락 성질을 지닌 대표적인 캔들

긴 아래 꼬리
작은 음봉

음봉 스프링

=

(짧은) 아래
꼬리 큰 음봉

상승 성질과 하락 성질을 지닌 대표적인 캔들

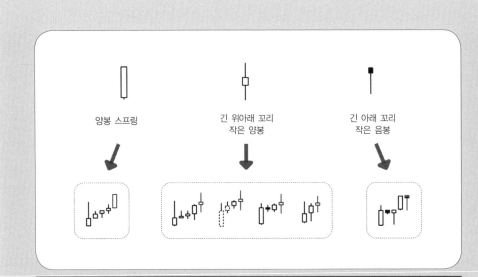

양봉 스프링

긴 위아래 꼬리
작은 양봉

긴 아래 꼬리
작은 음봉

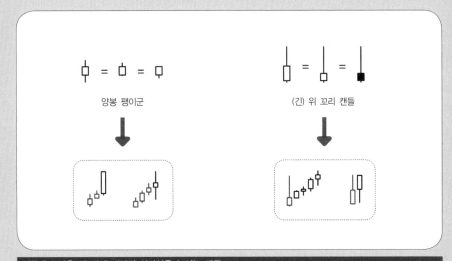

양봉 팽이군

(긴) 위 꼬리 캔들

캔들 해석에 어려움을 겪는 가장 큰 이유는 모든 캔들을 해석하려 하기 때문이다. 예를 들어 몸통이 크거나 꼬리가 길기만 하면 '매수세가 들어왔느니, 매도세가 강하니' 하며 온갖 해석을 해댄다. 또는 몸통 크기가 작은 잔 캔들에 불과한 것들에도 어떤 의미를 부여하곤 한다. 하지만 몸통 크기나 꼬리 길이보다 중요한 요소가 파동, 캔들군, 다른 캔들 등 조합 가능한 '모듈'의 여부다.

하나의 캔들 신호는 '상승한다'라는 무조건적인 암시가 아니라, '상승 확률이 높긴 하지만 거꾸로 하락할 수도 있다'라는 양면적이고 중립적인 기준일 뿐이다. 모든 캔들 신호가 100% 또는 90% 확률로 상승한다면 매수 후 한가롭게 지켜보거나, 심지어 손절매도 필요 없이 버티기만 하면 될 것이다. 하지만 시장과 차트는 그런 원리로 움직이지 않는다.

이 책에서 소개하는 대부분의 캔들 신호가 평균적으로 70~80%의 상승 확률을 보이지만, 뒤집어보면 20~30%의 확률로 하락할 수도 있다는 뜻이다. 따라서 정상적으로 움직이지 않거나 반대로 움직이려 할 때 '손실을 최소화하는 능력'과 반대로 움직일 때 '손절매 후 관망하는 능력'이 중요시된다.

여기서 소개한 캔들 패턴을 기준 삼아 정상적으로 움직이든, 반대로 움직이든 모든 상황을 받아들이고 유연하게 대응하는 능력을 꾸준히 배양시켜 나가기로 하자.

9장

파동,
캔들군,
캔들의
조합

"노력이 기회를 만나면 운이 된다."

서로 조합하여 해석하는
파동, 캔들군, 캔들

'파동'에서 '캔들'까지 앞에서 살펴본 내용을 다시 한번 정리해보자.

파동	캔들군	캔들
표준형	톱니캔	양봉 스프링
응용형 ①	수횡캔	위 꼬리 양봉
응용형 ②	싱기캔	상승 펀치
응용형 ③	수렴캔	긴 위 꼬리+작은 양봉군
응용형 ④	후퇴캔	긴 위아래 꼬리 작은 양봉
응용형 ⑤	후퇴 꼬리군	양봉 팽이군
	이중 꼬리군	상승 다람쥐+양봉 팽이(군)
	다중 꼬리군	큰 양봉군+긴 아래 꼬리

　　각 유형을 하나의 '모듈(Module)'이라고 가정하면 모듈은 서로 조합되어야
만 비로소 해석과 대응의 대상이 된다. 어떤 모듈의 조합은 전형적인 유형이 되
지만, 어떤 모듈의 조합은 미흡함으로 인해 응용이나 보정이 필요하다.

표준적인 대응, 응용, 보정의 기준 간의 경계는 불분명할 때도 많다. 모듈 한두 개의 단편적이고 국소적인 해석에서 벗어나 보다 큰 그림, 큰 맥락에서 최대한 단순한 관점으로 해석해야만 그런 애매모호한 경우도 쉽게 걸러낼 수 있다. 그리고 유연하게 대응할 수 있다.

02 종목 차트를 파동, 캔들군, 캔들 신호 조합으로 해석하기

파동, 캔들군, 캔들 신호는 다음과 같이 조합될 때가 표준적이다.

① 수평적 파동 구간+캔들군+캔들 신호

② 수평적 파동 구간+꼬리군(이중 꼬리군, 다중 꼬리군)

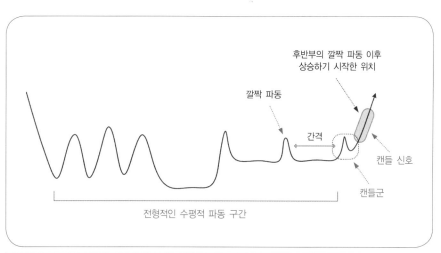

그림 9-1 | 수평적 파동 구간+캔들군+캔들 신호

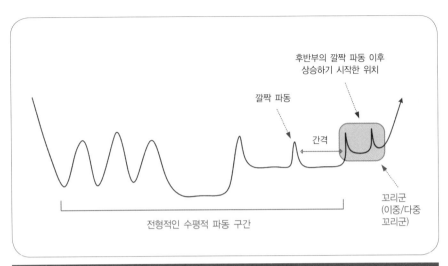

그림 9-2 | 수평적 파동 구간+꼬리군

'① 수평적 파동 구간+캔들군+캔들 신호'와 '② 수평적 파동 구간+꼬리군'의 예제 차트는 앞선 장에서 자세히 다루었다. 그러므로 이번 장에서는 표준적인 상황 외에도 매수 신호로 활용할 수 있는 다양한 경우를 살펴보고자 한다.

먼저 〈그림 9-3〉과 같이 캔들군이 생략되고 파동과 캔들 신호가 곧바로 연결되는 경우다. 수평적 파동 구간의 후반부에서 깔짝 파동 또는 직전 파동과 간격을 둔 수평 횡보 캔들군이 확인되고, 이후 서서히 상승하는 위치에서 전형적 유형의 캔들 신호가 형성되면 매수 진입이 가능하다.

'캔들군+캔들 신호' 또는 '캔들 신호'만으로도 매수할 수 있는 경우가 있다. 전체적으로 수평적 뉘앙스를 띠지만 파동 유형이 미흡하거나(〈그림 9-4〉 참고), 큰 하락 구간이 확인되지 않는 경우다(〈그림 9-5〉 참고). 초반부에 불과한 짧은 파동 구간의 선상일 때도 적용된다(〈그림 9-6〉 참고).

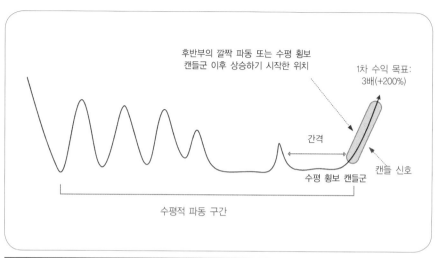

후반부의 깔짝 파동 또는 수평 횡보
캔들군 이후 상승하기 시작한 위치

1차 수익 목표:
3배(+200%)

간격

캔들 신호

수평 횡보 캔들군

수평적 파동 구간

그림 9-3 | 수평적 파동 구간+캔들 신호

단, 이전 파동으로부터 어느 정도 간격을 둔 위치이자 수평 횡보 캔들군 이
후 이제 막 상승하기 시작한 위치 또는 일직선 위주로 상승하는 위치여야 한다.
이때 선행되는 캔들군이 없다면 캔들 신호는 매우 전형적인 유형일 필요가 있다
(형태가 전형적이지 않다면 보정을 통해 진입하거나 추가 신호를 기다려야 한다).

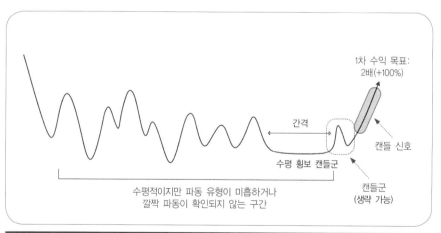

1차 수익 목표:
2배(+100%)

간격

캔들 신호

수평 횡보 캔들군

캔들군
(생략 가능)

수평적이지만 파동 유형이 미흡하거나
깔짝 파동이 확인되지 않는 구간

그림 9-4 | 캔들군+캔들 신호 1

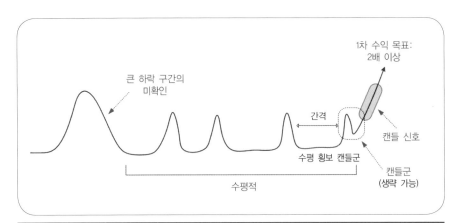

그림 9-5 | 캔들군+캔들 신호 2

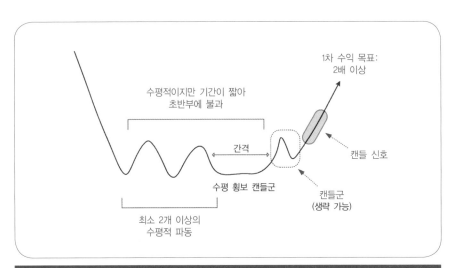

그림 9-6 | 캔들군+캔들 신호 3

큰 하락 구간이 확인되지 않으면 파동이 아무리 수평적이고 깔끔하더라도 수평적 파동 구간으로 분류하지 않는다. 하지만 수평적 파동 구간이 아니라고 해서 이후 출현하는 캔들군 및 캔들 신호가 모두 유효하지 않은 것은 아니다. 전형적인 유형이라면 본래의 상승 성질을 이어갈 가능성이 크다. 다만, 파동이

254

수평적이라고 해서 별다른 위치 및 유형의 캔들이 아님에도 캔들을 억지로 해석하여 충동 매수해서는 안 된다.

　캔들 신호를 유효하게 만드는, 깔짝 파동을 대체할 수 있는 수평 횡보 캔들군의 유형은 〈그림 9-7〉과 같다. V 유형을 제외하고는 모두 작은 캔들군 위주로 구성되어야 하며, 직전 파동으로부터 충분한 간격을 형성해야 한다.

　빨랫줄 유형은 아래로 살짝 늘어졌다 상승하는 모양이다. 이때 왼쪽 또는 오른쪽에서 짧게라도 수평 횡보 캔들군이 확인되어야 한다.

　급히 빠졌다 상승하는 V 유형 또한 직전에 짧게라도 수평 횡보 캔들군이 있어야만 이후의 캔들 신호가 유효하다. 만약 ㉠ 구간이 없다면 '캔들군+캔들 신호'의 조합일 때만 매수 신호로 인정 가능하다.

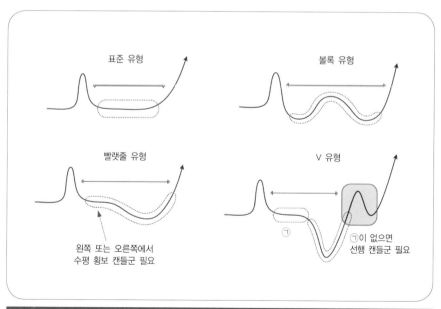

그림 9-7 | 의미 있는 수평 횡보 캔들군의 유형

'(캔들군)+캔들 신호'의 예를 실제 차트에서 살펴보자.

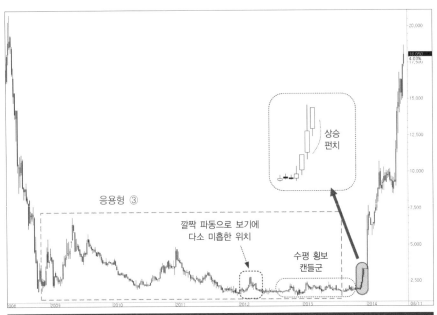

그림 9-8 | 캔들군+캔들 신호 1, 삼호(001880) 주간 차트

〈그림 9-8〉의 경우 직전 양봉이 두 개에 불과하여 큰 양봉군의 선상으로 보기에는 미흡한 상승 펀치이다. 하지만 응용형 ③을 완성한 수평 횡보 캔들군이 매우 깔끔하다. 이런 파동의 선상이라면 위치나 형태가 살짝 미흡하더라도 적당한~큰 크기의 캔들이라면 매수 신호로 활용할 수 있다.

양봉 팽이군을 제외하고 작은 캔들 위주의 패턴이 대부분 매수 신호로서 유효하지 않은 이유는 다른 캔들군과 시각적으로 차별화되지 않기 때문이다. 대규모 매수 세력의 본격적인 개입 흔적을 암시하는 캔들 신호는 다른 캔들군과 차별화되는 위치, 형태적 뉘앙스를 보이는 경우가 대부분이다. 수평 횡보 캔들군 직후가 이런 차별화된 위치의 대표적인 사례라 할 수 있다.

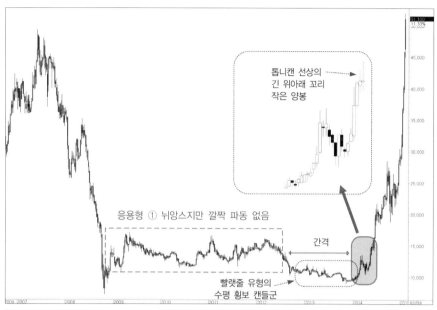

그림 9-9 | 캔들군+캔들 신호 2. 신세계건설(034300) 주간 차트

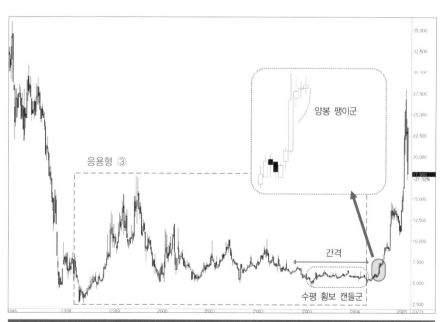

그림 9-10 | 캔들군+캔들 신호 3. DB하이텍(000990) 주간 차트

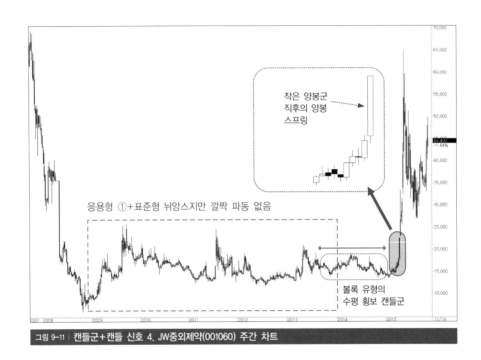

그림 9-11의 캔들군+캔들 신호 4. JW중외제약(001060) 주간 차트

〈그림 9-11〉의 경우 응용형 ① 및 표준형의 뉘앙스를 띤 파동 구간이 비교적 깔끔하고 캔들 신호 중에서도 신뢰성이 높은 양봉 스프링이 작은 양봉군의 선상에서 출현했다. 이때는 청산 목표가를 2배로 할지 3배로 할지의 판단만 남을 뿐, 매수 여부를 고민할 이유는 없다. 위의 경우 깔짝 파동 및 선행 캔들군이 확인되지 않음에 따라 단기 응용, 즉 목표가를 2배로 설정함이 적절하다.

원칙적으로 수평적 파동 구간의 후반부에서 출현하는 캔들 신호만 유효한 것으로 본다. 하지만 〈그림 9-12〉와 같이 초반부라 할지라도 이전 파동과 간격을 둔 수평 횡보 캔들군 이후 전형적 유형의 '캔들군+캔들 신호' 또는 '캔들 신호'가 형성되면 매수 진입이 가능하다.

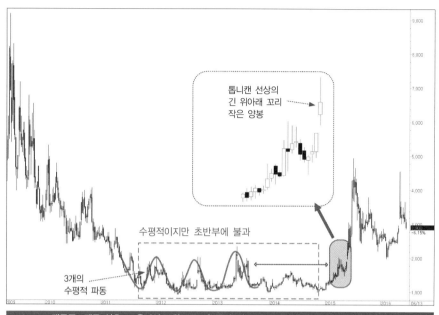

의 설명 텍스트:

톱니캔 선상의
긴 위아래 꼬리
작은 양봉

수평적이지만 초반부에 불과

3개의
수평적 파동

| 그림 9-12 | 캔들군+캔들 신호 5. 옴니시스템(057540) 주간 차트

다른 경우와 마찬가지로 톱니캔 등 선행 캔들군이 있다면 해당 캔들 신호의 신뢰성이 높을 것이다. 그리고 이때는 3배 이상의 수익을 목표로 할 수 있다. 만약 선행 캔들군이 없거나 캔들 신호의 유형이 미흡하면 2배 수익을 목표로 하는 것이 안전하다.

〈그림 9-13〉에서 보면, 큰 하락 구간이 확인되지 않는 경우로 전체적인 파동이 응용형 ①과 유사한 뉘앙스를 띠고 있다.

직전 파동 이후 빨랫줄 유형의 수평 횡보 캔들군이 확인되고 '캔들군+캔들 신호'가 형성되었다.

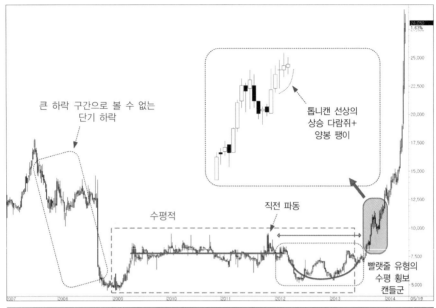

큰 하락 구간으로 볼 수 없는
단기 하락

톱니캔 선상의
상승 다람쥐+
양봉 팽이

수평적

직전 파동

빨랫줄 유형의
수평 횡보
캔들군

그림 9-13 │ 캔들군+캔들 신호 6. 현대리바트(079430) 주간 차트

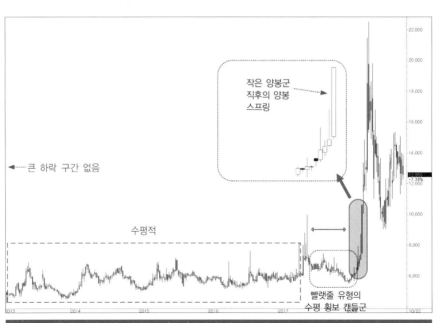

작은 양봉군
직후의 양봉
스프링

큰 하락 구간 없음

수평적

빨랫줄 유형의
수평 횡보 캔들군

그림 9-14 │ 캔들군+캔들 신호 7. 남화토건(091590) 주간 차트

260

상장 시점 이후 큰 하락 구간이 전혀 확인되지 않는 상황, 즉 보합하는 가격대가 최고점 부근인 경우에도 몇 가지 조건만 충족되면 매수 진입이 가능하다. 이때의 조건이란 앞에서 설명한 것처럼 '수평적 뉘앙스의 파동 구간+수평 횡보 캔들군' 이후 전형적 유형의 '캔들군+캔들 신호' 또는 '캔들 신호'가 형성될 때다.

〈그림 9-14〉의 경우 전형적이지는 않지만 빨랫줄 유형의 수평 횡보 캔들군이 있었고, 이후 양봉 스프링이 뒤따라왔다. 큰 하락 구간이 없을 때는 수익 목표를 어디에 두어야 할지 미리 정하기 어렵다. 단순히 2배 상승을 목표로 해도 좋지만, 어떤 때는 3배, 4배 이상 상승하는 경우도 흔하다.

〈그림 9-15〉는 응용형 ③의 뉘앙스를 풍기는 파동 구간이지만 〈그림 9-

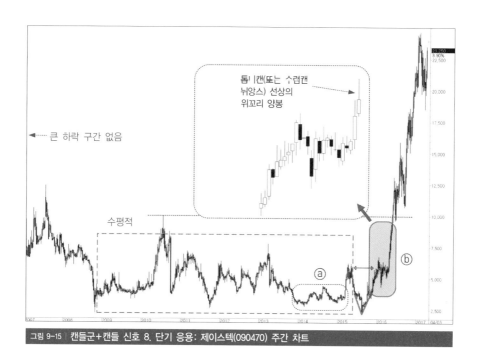

그림 9-15 | 캔들군+캔들 신호 8, 단기 응용: 제이스텍(090470) 주간 차트

13)과 〈그림 9-14〉에 비해 파동 간의 높낮이도 높고 다소 어지러운 형상이다. 볼록 유형의 ⓐ 수평 횡보 캔들군이 있었지만, 해당 선상에는 캔들 신호가 뒤따르지 않았다.

이후 (직전에 수평 횡보 캔들군이 없어 미흡한) V 유형으로 급히 하락, 상승한 후 ⓑ에서 '캔들군+신호'가 형성됨에 따라 매수 진입이 가능했다. 비록 파동 구간이 어지럽고 선행되는 수평 횡보 캔들군은 없지만, 이처럼 이전 고점을 앞둔 위치라면 단기 대응이 가능하다. 만약 ⓑ에서 선행 캔들군 없이 캔들 신호만 있었다면 매수 진입이 불가능했을 것이다.

〈그림 9-16〉에서 ⓐ는 언뜻 수평적으로 보이지만, 이런 유형은 수평적이라고 해석하지 않는다. 최고점으로부터 가까운 데다 파동 간의 높낮이 차이 또한

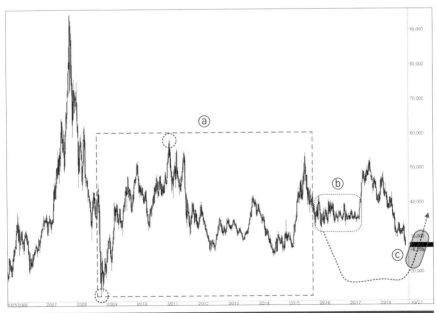

그림 9-16 │ 캔들군+캔들 신호 9. 유효하지 않은 유형: 한화(000880) 주간 차트

크기 때문이다. '수평적'이라고 해석하려면 말 그대로 수평적임을 한눈에 확인할 수 있는 파동 구간이어야 하며, 표준형 또는 응용형 ①~⑤와 유사한 뉘앙스여야 한다.

파동 간의 높낮이가 큰, 이전 고점과 저점 사이 중간 지대에서 형성된 수평 횡보 캔들군인 ⓑ 또한 해석 대상이 되지 못한다. 캔들 신호가 유효해지기 위해서는 저점 부근까지 하락, 수평 횡보 캔들군 이후 막 상승하기 시작한 ⓒ와 같은 위치에서 출현해야 한다.

이런 관점에서 보자면 응용형 ①은 캔들 신호만으로 매수할 수 있는 빈도가 다른 유형에 비해 낮은 편이다. 다음 〈그림 9-17〉을 참고하자.

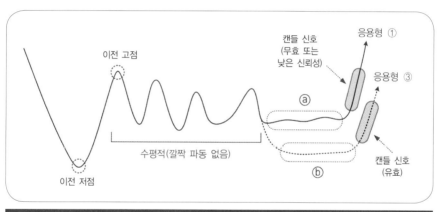

그림 9-17 | 응용형 ①과 수평 횡보 캔들군의 위치

이전 고점과 이전 저점의 중간지대에서 형성된 ⓐ의 수평 횡보 캔들군은 별다른 의미가 없으며, 직후 형성되는 캔들 신호 또한 유효하지 않거나 신뢰성이 떨어진다. 만약 응용형 ①이지만 동시에 표준형의 뉘앙스를 띠고 있는, 즉 파동 간의 높낮이가 크지 않고 깔짝 파동 위주로 구성된 파동 구간이면 매수 신호로 활용할 수 있을 것이다. 응용형 ③으로 볼 수 있는 선상이자 이전 저점 부근의

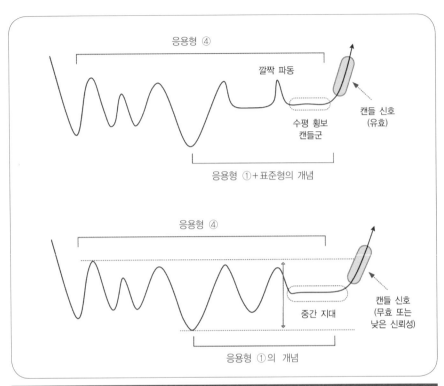

응용형 ④

깔짝 파동

캔들 신호
(유효)

수평 횡보
캔들군

응용형 ①+표준형의 개념

응용형 ④

캔들 신호
(무효 또는
낮은 신뢰성)

중간 지대

응용형 ①의 개념

그림 9-18 | 응용형 ④와 수평 횡보 캔들군의 위치 1

수평 횡보 캔들군인 ⓑ 이후 형성되는 캔들 신호는 대부분 유효하다.

추가적인 이해를 돕기 위해 응용형 ④의 예를 들어보자. 〈그림 9-18〉과 같이 전체적으로는 응용형 ④지만 개념적으로는 응용형 ① 등 다른 유형이 후반부의 일부분으로 포함될 수 있다.

이때 응용형 ①이면서 표준형의 뉘앙스를 띠는 상황이면 수평 횡보 캔들군 이후 출현하는 캔들 신호는 유효할 것이다. 하지만 표준형의 뉘앙스 없이 이전 고점과 이전 저점의 중간지대에서 수평 횡보 캔들군이 형성되면 이후의 캔들 신호는 유효하지 않거나 신뢰성이 떨어지게 된다.

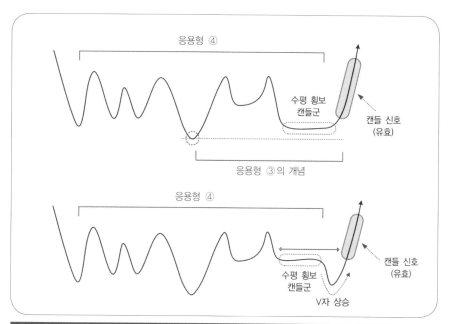

응용형 ④

수평 횡보
캔들군

캔들 신호
(유효)

응용형 ③의 개념

응용형 ④

수평 횡보
캔들군

V자 상승

캔들 신호
(유효)

그림 9-19 │ 응용형 ④와 수평 횡보 캔들군의 위치 2

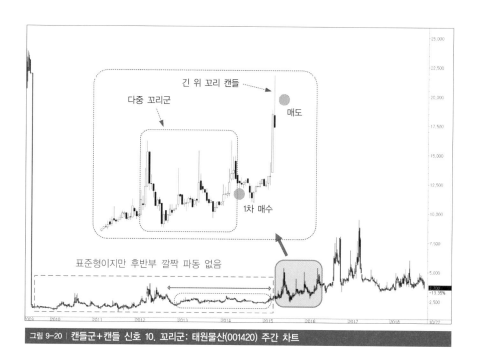

긴 위 꼬리 캔들

매도

다중 꼬리군

1차 매수

표준형이지만 후반부 깔짝 파동 없음

그림 9-20 │ 캔들군+캔들 신호 10. 꼬리군: 태원물산(001420) 주간 차트

만약 후반부에서 응용형 ③의 개념을 보인다면, 즉 수평 횡보 캔들군이 이전 저점 부근에서 형성되면 이후의 캔들 신호 또한 유효해진다(〈그림 9-19〉 참고).

〈그림 9-19〉의 두 번째 그림과 같이 수평 횡보 캔들군 또는 짧은 수평 횡보 움직임 이후 급히 빠졌다 상승하는 V 유형의 선상에서 출현하는 캔들 신호 또한 대부분 유효하다.

〈그림 9-20〉과 같이 수평 횡보 캔들군의 선상에서 형성되는 이중/다중 꼬리군 또한 캔들 신호와 동일한 해석과 대응이 가능하다.

단, 수평 횡보 캔들군 이후 상승하기 시작한 위치여야지 이중/다중 꼬리군의 저가가 수평 횡보 캔들군보다 아래에 있어서는 안 된다. 즉 이중/다중 꼬리군의 형성 위치가 (수평 횡보 캔들군을 포함한) 수평적 파동 구간으로부터 시각적으로 차별화되는, 조금이라도 상승한 위치여야 한다. 즉 수평적 파동 구간의 한 부분으로 묻힌 상황이면 유효하지 않거나 신뢰성이 떨어지므로 주의한다.

매수 신호가 되는
캔들의 위치적 요소

파동, 캔들군, 캔들 중 가장 중요한 요소는 직접적인 매수 신호가 되는 캔들이다. 하지만 캔들 형태가 전형적이라고 해서 아무 때나 매수에 나설 수는 없다. 형태적 요소보다 형성 위치가 더 중요한데, 파동과 캔들군이 이런 위치를 담보하는 역할을 한다. 때로 캔들군이 생략될 수 있지만, 선행 캔들군이 있다면 해당 캔들 신호의 신뢰성이 더욱 높아진다.

전형적인 수평적 파동 구간의 선상에서 형성된 전형적인 캔들군 직후라면 더할 나위 없다. 하지만 지금까지 살펴본 것처럼 실제 차트에는 그런 표준적인 상황이 흔치 않고 비표준적인 상황이 훨씬 더 자주 연출된다.

형태적 전형성을 갖추었다는 전제하에 매수 신호가 되는 캔들의 위치적 요소는 〈그림 9–21〉과 같이 정리할 수 있다.

⒤고점으로부터 장기 하락, 급락 또는 액면분할 이후 특정 가격대 안에서 파동이 형성, 주가가 몇 년에 걸쳐 보합하면 주가 흐름이 안정세에 접어들었다는 의미로 볼 수 있다.

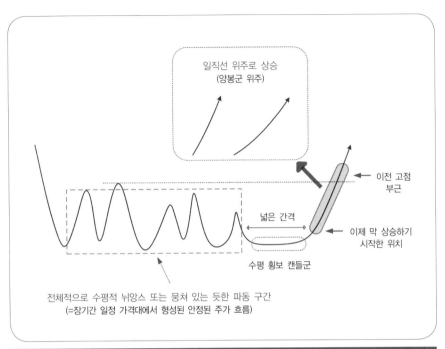

일직선 위주로 상승
(양봉군 위주)

이전 고점
부근

넓은 간격

이제 막 상승하기
시작한 위치

수평 횡보 캔들군

전체적으로 수평적 뉘앙스 또는 뭉쳐 있는 듯한 파동 구간
(=장기간 일정 가격대에서 형성된 안정된 주가 흐름)

그림 9-21 | 캔들 신호의 위치적 요소

이때 깔짝 파동 또는 수평 횡보 캔들군으로 대표되는 소강세를 거쳐 이제 막 상승하기 시작한 위치에서의 특정 캔들 신호는 대규모 매수세의 개입 흔적일 가능성이 크다. 대부분의 경우 (물론 주가 흐름은 미리 정해진 것이 아니기에 변수를 만나 중도에 꺾어질 수도 있지만) 이전 고점을 돌파하게 되며, 이전 고점을 돌파한 직후의 캔들 신호 또한 여전히 유효하다.

캔들 신호의 신뢰성을 높여주는 대표적인 캔들군인 톱니캔은 어떤 의미적 요소를 품고 있는지 잠시 살펴보자.

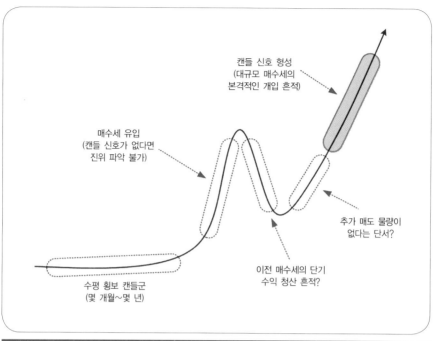

캔들 신호 형성
(대규모 매수세의
본격적인 개입 흔적)

매수세 유입
(캔들 신호가 없다면
진위 파악 불가)

추가 매도 물량이
없다는 단서?

수평 횡보 캔들군
(몇 개월~몇 년)

이전 매수세의 단기
수익 청산 흔적?

그림 9-22 | 톱니캔의 개념적 의미

〈그림 9-22〉와 같은 개념적 의미를 지니고 있기에 톱니캔의 선상에서 출현
하는 특정 캔들 패턴이 확률적 매수 신호로 작용할 수 있는 것이다. 물론 이는
하나의 가정일 뿐, 명확히 규정할 수 있거나 모든 위치와 상황에 적용할 수 있는
것이 아니므로 숨은 개념에 집착해서는 곤란하다.

해석해서는 안 되는
유형 구별하기

지금까지 매수 신호로 활용할 수 있는 비표준적인 경우를 살펴보았다. 관심 종목에 담아두고 모니터링할 수 있는 종목의 범위가 늘어났지만, 한편으로는 잘못된 해석을 할 수 있는 여지 또한 많아졌다고 볼 수 있다.

책에서 설명한 내용에 충실하지 않고 (미리 방향을 정해놓고 아무것도 아닌 잔 캔들을 억지로 끼워 맞추는 등) 자신의 입맛대로 확대 해석하거나 국소적·지엽적으로 해석하는 것을 늘 경계해야 한다.

주간 차트에서의 주가 흐름은 매우 느리게 움직인다. 여유와 인내심을 갖고 지켜보지 않으면 아직 때가 무르익지 않았음에도 조급한 해석과 대응으로 거래를 망칠 가능성이 크다. 해석 근거가 없거나 아직 해석하기에 이른 파동과 캔들군 유형을 예제 차트를 통해 살펴보자.

〈그림 9–23〉은 전체적으로 수평적 움직임을 보이지만 표준형 또는 응용형 ③ 등 특정 파동 유형으로 분류할 수 없는 상황이다. 표준형이든 응용형이든 수평적 파동 구간으로 분류하려면 그와 비슷한 뉘앙스를 띤 상황에서 깔짝 파동

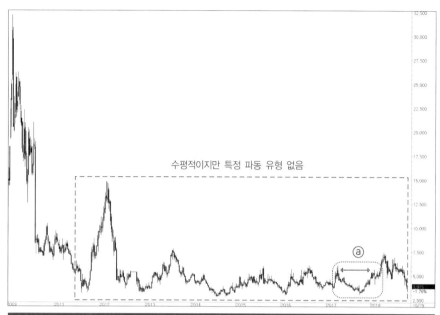

수평적이지만 특정 파동 유형 없음

ⓐ

그림 9-23 | 해석해서는 안 되는 유형 1. 셀바스AI(108860) 주간 차트

또는 이전 파동과 간격을 형성하는 수평 횡보 캔들군이 확인되어야 한다. 특히 응용형 ③은 깔짝 파동 또는 표준 유형의 수평 횡보 캔들군이 있을 때만 응용형 ③의 완성을 확인할 수 있다.

ⓐ는 이전 파동과 어느 정도 간격이 있는 구간이지만 해석 가능한 수평 횡보 캔들군이 아니다. 이전 파동과 간격이 있는 것만을 기준으로 삼으면 온갖 무의미한 캔들이 매수 신호로 둔갑하게 될 것이다.

〈그림 9-24〉는 언뜻 응용형 ③의 뉘앙스를 띠고 있지만 완성된 유형이 아니다. ⓐ의 간격이 너무 짧아 표준 유형의 수평 횡보 캔들군으로 볼 수 없기 때문이다. 따라서 ⓐ의 선상에서 전형적인 캔들군 및 캔들 신호가 출현하더라도 단기 대응만 할 수 있으며, 이마저도 성공 확률이 높다고 볼 수 없다.

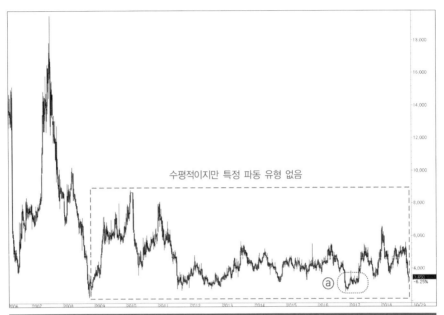

수평적이지만 특정 파동 유형 없음

ⓐ

그림 9-24 | 해석해서는 안 되는 유형 2. 에이스테크(088800) 주간 차트

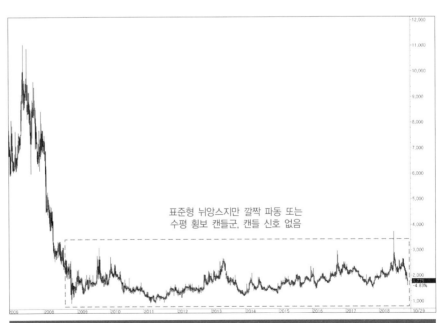

표준형 뉘앙스지만 깔짝 파동 또는
수평 횡보 캔들군, 캔들 신호 없음

그림 9-25 | 해석해서는 안 되는 유형 3. 에스에이티(060540) 주간 차트

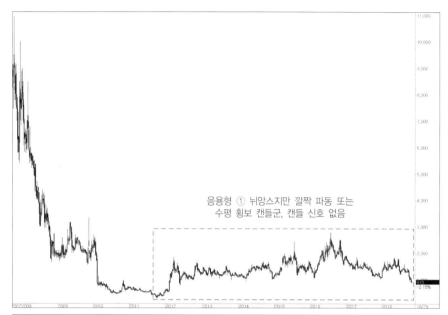

응용형 ① 뉘앙스지만 깔짝 파동 또는
수평 횡보 캔들군, 캔들 신호 없음

그림 9-26 | 해석해서는 안 되는 유형 4. 코센(009730) 주간 차트

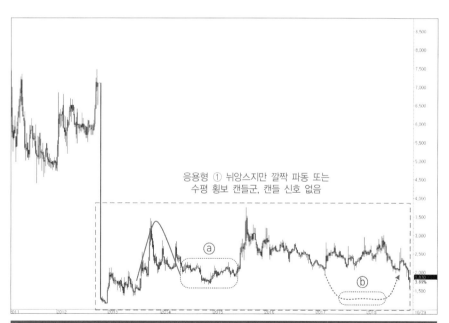

응용형 ① 뉘앙스지만 깔짝 파동 또는
수평 횡보 캔들군, 캔들 신호 없음

ⓐ

ⓑ

그림 9-27 | 해석해서는 안 되는 유형 5. 딜리(131180) 주간 차트

〈그림 9-27〉의 ⓐ는 얼핏 수평 횡보 캔들군으로 착각할 수 있다. 하지만 위치가 파동의 완전한 초반부인 데다 이전에 2개 이상의 수평적 파동이 없어 아무런 해석 대상이 되지 못한다.

의미 있는 수평 횡보 캔들군이 되기 위해서는 수평 판단 시작점으로부터 멀리 떨어져 있거나 2개 이상의 수평적 파동을 거친 후 저점 부근인 ⓑ와 같은 위치에서 형성되어야 한다.

〈그림 9-28〉은 응용형 ① 뉘앙스의 파동 구간이지만, 이전 고점과 저점 사이 어중간한 중간지대에 위치한 ⓐ는 해석 대상이 아니다. 뒤따라오는 캔들 신호가 유효해지고 신뢰성이 높아지려면 수평 횡보 캔들군이 ⓑ 또는 ⓒ와 같은 위치에서 형성되어야 한다. 이때 ⓑ보다는 이전 저점 부근인 ⓒ의 신뢰성이 더 높다.

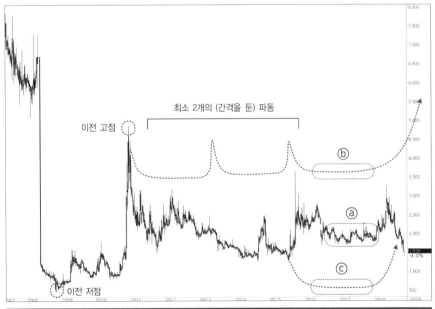

그림 9-28 | 해석해서는 안 되는 유형 6. 현대정보기술(026180) 주간 차트

274

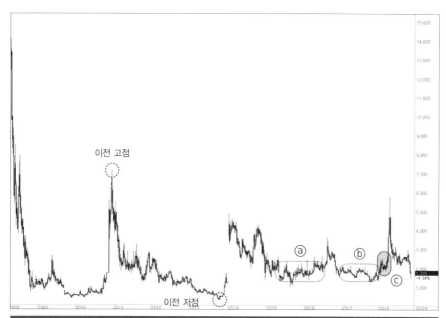

그림 9-29 | 유의해야 할 유형 1. 바이온(032980) 주간 차트

〈그림 9-29〉의 ⓐ는 이전 고점과 이전 저점 사이의 어중간한 지대에 위치해 있다. ⓑ는 그나마 유효한 위치인데, ⓐ와 ⓑ 사이에 깔짝 파동과 유사한 뉘앙스의 파동이 있었기 때문이다.

이후 ⓑ의 선상에서 '톱니캔+긴 위아래 꼬리 작은 양봉'인 ⓒ가 출현함에 따라 매수 진입이 가능했다. 다만 2배를 약간 넘어 상승했다 하락했는데 이전 고점과 이전 저점 사이 중간지대와 유사한 위치적 특성으로 미루어볼 때 자연스러운 움직임이다.

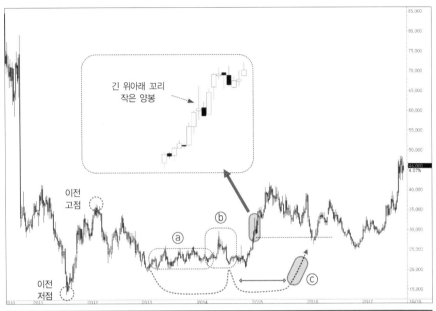

긴 위아래 꼬리
작은 양봉

이전
고점

이전
저점

ⓐ

ⓑ

ⓒ

그림 9-30 | 유의해야 할 유형 2. 실리콘웍스(108320) 주간 차트

〈그림 9-30〉을 보면 완전한 초반부이자 이전 고점과 이전 저점의 중간지대에 위치한 ⓐ는 해석 대상이 되는 수평 횡보 캔들군이 아니다. 하지만 직후 (여전히 초반부지만) 깔짝 파동 뉘앙스의 ⓑ가 형성됨에 따라 이후 출현한 긴 위아래 꼬리 작은 양봉을 매수 신호로 판단할 근거가 생겼다.

다만 초반부에 불과한 파동 구간과 선행 캔들군이 없는 점, 그리고 몸통 및 꼬리의 길이가 짧은 점을 고려할 때 2배 전후로 상승한 후 하락하거나 위와 같이 단기 상승 후 하락, 긴 위아래 꼬리 작은 양봉의 손절매 선을 허문 후 긴 시간을 거쳐 상승을 재개해도 별로 이상하지 않다.

여전히 초반부지만 ⓒ의 위치라면 좀 더 깔끔한 흐름으로 전개되었을 것이다. 즉 손절매 선에 닿지 않고 최소 2배 이상 상승 흐름을 이어갔을 가능성이 크다.

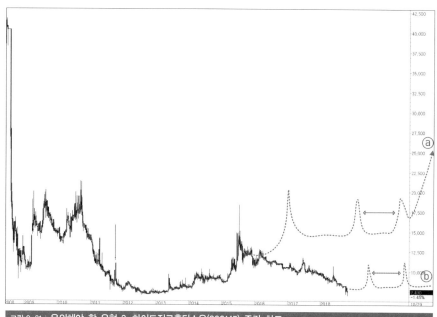

그림 9-31 | 유의해야 할 유형 3. 하이트진로홀딩스우(000145) 주간 차트

〈그림 9-31〉의 경우 응용형 ②와 ⑤가 혼합된 뉘앙스를 보인다. ⓐ와 같은 유형으로 전개되었더라면 응용형 ④와 ⑤의 혼합이었을 것이다. 그리고 ⓑ와 같은 유형으로 이어지면 응용형 ②와 ⑤의 연장선상으로서 수평 횡보 캔들군 및 유효한 캔들군, 캔들 신호를 찾아 대응에 나설 수 있을 것이다.

흐름 분간하고 걸러내기

파동-캔들군-캔들 신호로 이어지는 표준적인 유형은 '본격적으로 상승할 때가 무르익은 흐름' 정도로 표현할 수 있다.

그런데 수많은 종목 중에서 이런 흐름을 가진 종목은 소수에 불과하며, 80~90%의 종목은 해석할 수 없는, 해석이 불필요한 흐름이다.

이 중에는 따라잡기에는 늦었거나 (적정 손절매 폭을 초과함으로써) 위험부담이 큰, '이미 멀리 상승한' 종목도 있다. 그리고 몇 년, 수십 년씩 횡보, 보합하는 '갈피를 못 잡는' 종목도 많다(물론 그 안에서도 연속 상한가 등 온갖 자질구레한 일들이 벌어지긴 한다).

비교적 소규모 자금을 운용하는 마이너 세력이나 작전 세력의 놀이터로써 급등과 하락을 반복하는 '진흙탕 같은' 종목도 흔하다.

이처럼 알 수 없거나 알기 어려운 종목은 상승하든 말든 무시함이 최선이다. 어떤 흐름의 종목을 무시하고 걸러내야 하는지 앞서 소개한 '5장 차별화된 캔들매매 투자 전략'의 '해석해서는 안 되는 유형 네 가지(77쪽)', '6장 파동'의 '해석하지 않는 여섯 가지 경우(127쪽)'를 다시 한번 참고하기 바란다.

10장

캔들
매매와
해외
주식투자

"사랑은 꽃과 같다. 날마다 물을 줘야 한다.
투자는 선인장과 같다. 날마다 물을 줘서는 안 된다."

분산투자하기 좋은 해외 주식시장

각종 통계에 따르면 국내 투자자의 해외 주식 거래 규모가 점점 늘고 있다.

표 10-1 | 외화 주식 결제금액 상위 시장

단위: 억 달러

순위	외화 주식	
	2017년 하반기	2018년 상반기
1	미국(77.2)	미국(116.2)
2	홍콩(23.0)	홍콩(31.2)
3	일본(13.2)	일본(11.5)
4	중국(10.0)	중국(9.4)
5	유로시장(4.7)	베트남(5.7)

※출처: 한국예탁결제원

표 10-2 | 해외 주식투자 상위 10개 종목(2018년 1~9월)

순위	국가	종목명
1	미국	아마존(AMAZON COM INC)
2	미국	알리바바(ALIBABA GROUP HOLDING)
3	홍콩	차이나 AMC CSI 300 상장지수펀드(ETF)
4	홍콩	텐센트 홀딩스(TENCENT HOLDING LTD)
5	미국	엔비디아(NVIDIA CORP)
6	미국	알파벳(ALPHABET INC. CLASS)
7	미국	넷플릭스(NETFLIX COM INC)
8	미국	아이셰어즈 펀드(ISHARES T PLS ISHA)
9	미국	페이스북(FACEBOOK)
10	미국	ISH EXPTL TECG

※출처: 한국예탁결제원

일반적으로 해외 주식을 거래하는 주된 이유는 기관이든 개인이든 '해당 시장, 종목의 수익률 전망이 (국내 시장 종목보다 더) 밝을 것'으로 예상하기 때문이다.

하지만 캔들매매에서 해외 주식을 다루는 이유는 단순하다. 국내 코스피, 코스닥시장이 제공하는 종목 수는 2,100여 개에 지나지 않는다. 이 중에서 장기 상승 가능성이 있는 관심 종목을 골라내면 10% 전후인 200여 개에 그친다. 다시 몇 달의 기간을 두고 볼 때 캔들 신호가 발생함으로써 실제 거래에 나설 수 있는 종목은 200여 개의 10~20%인 20~40여 종목으로 추려지는데, 이 정도로는 충분하지 않다(물론 시장 입문자나 투자 자금이 적은 투자자라면 충분하고도 남을 종목 수다).

앞서 '2장 금융투자시장과 캔들매매'에서 소개했지만 미국, 중국, 홍콩, 일본 시장까지 포트폴리오를 확장하면 거래 대상이 약 2만 개로 늘어난다. 국내 주식만 거래할 때보다 10배 이상 표적이 늘어나는 것이다. 2만 개의 5%만 관심 종목에 담아두어도 1,000개가 되고, 이 중 10%에서 매수 신호가 출현하면 100개에 이른다. 100개 중 고르고 골라 1/2, 1/3만 거래한다 하면 성공 확률이 더 높아질 수밖에 없다.

더불어 수십 개 종목 중 어떤 종목에서 손실을 보더라도 다른 종목이 있기 때문에 심리적으로 불안하거나 흥분할 일이 없다. 분산투자의 극대화를 통해 심리적 안정까지 견고히 하는 것이다. 이처럼 포트폴리오 확장의 일환으로 해외 주식까지 다루면 여러 선순환 효과를 경험하게 된다.

먼저 주요 국가별 장 운영시간을 알아보자.

표 10-3 | 주요 국가별 장 운영시간

(한국 시간 기준)

국가	운영시간
한국	09:00～15:30
미국	23:30～06:00
중국	10:30～12:30, 14:00～16:00
홍콩	10:30～13:00, 14:00～17:00
일본	09:00～11:30, 12:30～15:00

※서머타임 적용 시 우리나라 기준으로 한 시간씩 앞당겨진다.

캔들매매에서는 주간 차트라는 넉넉한 시간 차트를 사용함에 따라 예약주문을 활용하는 경우가 많다. 따라서 굳이 해당 국가의 장 운영시간에 맞추어 거래를 시도할 이유가 없다.

장기 상승 가능성이 큰 종목을 더 많이 포트폴리오에 담아둠으로써 확률과 수익을 극대화한다는 측면에서 해외 주식투자는 매우 유용하다. 그런데 시장 입문자나 초보자 입장에서는 여간 번거로운 일이 아니다. 국내 주식을 거래할 때보다 거래 수수료도 비싸고 환전 스프레드도 추가되며, 세금도 많은 데다 매년 5월 양도 소득세 신고도 해야 하기 때문이다.

해외 주식 거래 수수료는 증권사마다 다르지만 대략 0.1~0.25% 수준이다(1만 달러 거래 시 약 10~25달러). 단타 매매를 하는 입장에서는 부담될 수 있지만, 장기투자 방식인 캔들매매에서는 신경 쓸 만한 요율이 아니다.

거래 수수료보다 부담되는 비용은 환전 스프레드, 즉 환전 수수료(전신환 매도 환율에서 기준 환율을 뺀 값)인데 요율이 증권사마다 다르다. 특정 국가의 경우 환전의 번거로움을 없애 원화로 거래할 수 있게 함으로써 환전 수수료가 없는 증권사도 있다. 하지만 대부분은 주문 금액에 따라 차등해서 환전 수수료를 부과하고 있다. 예를 들어 1달러당 5원을 부과하는 경우, 1만 달러 거래 시 약 5만 원의 환전 수수료가 추가로 들게 된다.

무엇보다 가장 걸림돌은 세금과 세금 신고 부분이다. 국내 주식을 거래하는 일반적인 개인투자자는 매도 시 거래 대금의 0.25%만 내면 되지만, 해외 주식 거래 시에는 연간 합산 양도 차익이 250만 원 이상이면 22%의 양도 소득세(지방 소득세 포함)를 내야 한다.

더불어 국내 주식투자로 얻는 수익, 손실과는 별개로 국내 투자에서 손실이 났더라도 해외 주식투자에서 250만 원 이상의 수익이 발생하면 양도 소득세 납부 의무를 지게 된다. 국내 주식과 다른 이런 세금 체계는 대부분 국가에서 주식 거래에 대해 소득세를 부과하고 있기 때문이다.

해외 주식 거래로 충분한 수익이 난다면 세금과 수수료, 환전의 명목으로 25%에 가까운 부대비용을 지출하더라도 큰 문제는 아니다. 주간 차트 위주로 거래함으로써 매매 횟수가 많지 않은 데다(캔들매매로 하는 해외 주식 거래는 연간 평균 수십 회에 불과할 것이다), 2~3배 이상의 수익을 목표로 하는 캔들매매의 관점에서는 더욱더 그렇다.

하지만 여러 번거로움과 부가 지출을 고려할 때 국내 주식시장을 먼저 섭렵한 다음, 자금과 시간적 여유가 될 때 해외 주식 거래에 나서기를 추천한다.

02 미국 주식시장과 종목의 특성

미국 주요 증권거래소에는 뉴욕증권거래소(NYSE), 나스닥(NASDAQ), 아메리칸증권거래소(AMEX) 등이 있다. 이 중 뉴욕증권거래소는 다우30, S&P 500, 러셀2000 등의 지수(Index)를 필두로 3,000개가 넘는 종목을 제공하는 세계 최대 규모의 증권거래소다. 나스닥은 벤처, 중소기업 및 첨단기술 기업 위주로 거래하며, 아멕스는 ETF 종목을 주로 다룬다.

국내 주식시장과 미국 주식시장의 큰 차이점 중 하나는 우리나라는 30%의 상한가, 하한가 제한이 있지만 미국은 상한가, 하한가 제한이 없다는 점이다. 따라서 국내보다 더 고위험, 고수익 시장으로 분류할 수 있다(실제 꼭 그런 것은 아니다). 더불어 (미국 내에서 계좌를 개설한) 개인의 공매도가 자유롭고, 국내보다 3배 이상 많은 약 6,900여 개의 상장 종목을 제공한다.

차트 특성을 살펴보면 미국 주식 종목은 대체로 국내 주식 종목보다 깔끔한 움직임을 보이는 경우가 많다. 뜬금없이 급등하거나 급락하는 빈도가 낮고 개별 캔들의 모양 또한 깔끔한 편이다. 이는 아마도 국내보다 유동성이 풍부하기 때문에 마이너 세력의 장난 같은 것이 잘 통하지 않기 때문일 것이다. 그리고 단기 투기 세력보다 가치투자자, 장기투자자가 시장을 선도하는 측면도 있기 때문일 것이다. 또 미국 시장이 세계 경제를 이끌어가는 경향이 강함에 따라 외부 충격에 영향을 받는 요소 또한 적은 것으로 짐작할 수 있다. 물론 모든 종목이 다 그런 것은 아니며, 규모가 작은 종목은 국내 코스닥 소형주 같은 흐름을 보이기도 한다.

역설적이게도 이처럼 깔끔한 흐름을 보이는 종목이 많다 보니 수평적 파동 구간과 깔짝 파동으로 대표되는, 장기간의 시세 안정기를 거치는 종목이 많지 않은 편이다. 한 번 상승하면 몇 년이고 쉼 없이 상승하는 종목이 흔하고, 급락 후에도 별다른 장기 보합이나 횡보 없이 상승을 재개하는 종목도 흔하다. 따라서 시장이 제공하는 종목 수는 많지만, 관심 종목을 골라내면 국내 시장보다 더 적을 수 있다.

캔들매매의 기본 전략은 장기 보합, 횡보하는 종목 중 작전 세력이나 마이너 집단에 의한 단기적인 시세 조종, 즉 휩소(Whipsaw) 구간을 걸러내고 확실한 의도를 가진 진성 세력이나 대세 상승 흐름의 징조를 캔들군과 캔들을 통해 사전에 잡아내는 것이다. 이런 관점에서 보자면 작전 세력과 마이너 집단의 영향력이 미미한 미국 시장은 잠재적인 종목의 출현 빈도가 낮을 수밖에 없다.

결론적으로 미국 시장의 차트 특성은 '너무 깔끔해서 오히려 매수 기회가 적고 매우 다이내믹한 시장' 정도로 정의할 수 있다. 개별 종목을 거래할 때 기술적 분석도 좋지만, 기본적 분석, 즉 가치투자에도 비중을 두어야 하는 시장으로 판단된다.

중국, 홍콩 주식시장과 종목의 특성

중국에는 상해증권거래소(Shanghai Stock Exchange)와 선전증권거래소(Shenzhen Stock Exchange)가 있다. 상장 종목 수는 상해거래소가 약 1,500개, 선전(심천)거래소는 약 2,100개다. 후강통은 상해거래소의 A주 종목을, 선강통은 선전거래소의 A주 종목을 거래하는 것을 의미한다. 이 중 국내 개인투자자가 후강통 및 선강통을 통해 거래할 수 있는 종목 수는 전체의 1/3 수준인 1,200개 전후다. 대표적인 주가지수로는 상해종합지수와 차이나 A50(FTSE China A50) 지수가 있으며, 가격 제한 폭은 상하한가 모두 10%다.

홍콩에는 홍콩거래소(Hong Kong Exchanges, HKEX)가 있다. 홍콩의 상장 주식은 크게 메인보드(Main board)와 GEM(Growth Enterprise Market)으로 분류되며, 그 외에 H주와 레드칩주가 있다. 종목 수는 메인보드가 약 1,900개, GEM이 약 400개에 이른다. 홍콩의 대표 주가지수는 항생지수(Hangseng Index, HSI)다. 가격 변동 제한 폭은 미국과 마찬가지로 존재하지 않는다. 다만 홍콩 시장은 종목별 정해진 매매 단위 수량의 배수 단위로만 매매할 수 있다는 특징이 있다.

차트로만 평가하면 중국 시장의 투자자는 개별 종목보다 업종에 투자하는 경향이 강한 듯하다. 한 업종에 속한 종목의 움직임이 대부분 비슷하기 때문이다. 이는 우리나라처럼 시황, 재료 및 테마주에 몰려다니는 단기투자자가 많다는 뜻이기도 하다.

더불어 상한가, 하한가 폭이 10%에 불과함에도 갑작스레 급등하거나 급락하는 경우가 많다. 이는 아마도 중국 정부로 대표되는 대규모 세력의 개입이 많기 때문이 아닌가 한다. 어쨌든 두 시장의 차트 움직임은 우리나라 시장보다 더 변덕스럽고 기괴한 종목이 많다.

이에 비해 홍콩 시장의 종목은 우리나라와 미국 시장을 섞어놓은 듯한 움직임을 보인다. 대체로 우리나라 시장과 비슷하면서도 미국 시장처럼 다이내믹한 움직임을 보이는 종목도 흔하다.

결국 상해거래소, 선전거래소의 개별 주식 종목을 거래할 때는 상해종합지수와 A50 지수를 참고할 필요가 있으며, 업종별 ETF 종목을 공략하는 것이 효과적인 대안이 될 수 있다. 2019년 4월 시점에서의 차트 특성만으로 판단하면 상해, 선전거래소는 다른 나라 시장보다 더 변덕스럽고 주먹구구식으로 움직이는 성향을 보임에 따라 기술적 분석에 관한 한 투자 매력이나 이점이 덜하다.

04

일본 주식시장과
종목의 특성

일본의 대표적인 증권거래소에는 전체 거래 규모의 약 90%를 차지하는 동경 증권거래소(Tokyo Stock Exchange, TSE)와 벤처기업 중심의 자스닥(JASDAQ)이 있다. 일본 주식시장은 각각의 상장 요건에 따라 1부 시장(1st Section), 2부 시장(2nd Section), 마더스(Mothers), 자스닥 스탠더드(JASDAQ Standard)와 자스닥 그로스(JASDAQ Growth)로 나눠진다. 종목 수는 1부, 2부, 마더스를 통틀어 약 2,900개, 자스닥은 700여 개 정도다. 일본의 대표 주가지수로는 니케이(Nikkei) 지수가 있다.

일일 가격 변동 제한 폭은 종목 가격별로 다른데 예를 들어 전날의 종가가 100엔이면 상하한가 폭은 50%고, 1,000엔이면 30%, 20만 엔이면 25%가 된다. 또 거래량 없이 3일 연속 상한가 또는 하한가를 기록하면 가격 폭을 제한하는 조치가 취해진다.

(일본 내에서 계좌를 개설한) 개인투자자는 신용계좌를 개설하는 것만으로 공매

도가 가능하며, 신용계좌는 거래 가능 금액의 30%만 입금하면 되므로 약 3배의 레버리지를 사용하는 것과 같다. 일본 내 투자자를 대상으로 한 세금 부분은 전문가도 어려워할 정도로 복잡한데, 단순하게는 수익의 약 20%가 세금으로 지출된다.

일본 주식시장의 차트 특성은 노이즈가 덜하고 정갈하다고 표현할 수 있다. 한국 주식시장과 특성이 비슷하면서도 차트 움직임이 조금 더 깨끗하다. 아마도 한국처럼 하루에도 수십 번씩 사고파는 단타 매매의 비중보다 매수 포지션의 평균 보유 기간이 더 긴 일반적인 데이 트레이딩 또는 스윙 거래가 주를 이루고 있기 때문이 아닌가 한다.

또한 같은 업종의 종목이라면 비슷한 경향을 보임에도 차트의 급등락 빈도가 낮은 점에 비추어 한국이나 중국처럼 테마주 투자 비중이 높음에도 불구하고 단타 매매보다 장기투자, 가치투자의 관점으로 시장에 접근하는 투자자가 적지 않은 것으로 보인다.

이처럼 차트의 형상은 다른 나라보다 깨끗한 편이지만 유독 액면분할, 액면병합 종목이 많아 관심 종목 리스트에 많이 담아둘 수는 없다.

해외 주식 차트, 캔들로 해석하기

외적인 거래 환경은 국내 시장보다 불리하지만, 파동, 캔들군, 캔들 신호의 조합은 해외 주식에도 똑같이 적용된다. 또 나라별 특성에 신경 쓸 필요 없이 오로지 차트로만 해석하고 대응하면 된다.

이전 장과 마찬가지로 응용력을 높이기 위해 표준적인 경우보다 비표준적인 경우 위주로 소개하기로 한다.

〈그림 10-1〉을 보면 V 유형의 수평 횡보 캔들군을 거쳐 양봉군 위주로 상승하는 과정에서 위 꼬리와 몸통 비율이 1:1 수준인 위 꼬리 양봉이 출현했다. 톱니캔 등의 선행 캔들군은 없지만, 이전 고점을 바로 앞둔 위치이기에 단기 응용이 가능하다.

〈그림 10-2〉를 보면 수평적 파동 구간의 유형이 응용형 ④인지 ⑤인지 모호하다. 이때는 어느 한쪽으로 정확히 분류하려 들지 말고 이처럼 혼합된 뉘앙스로 읽으면 된다. 비록 고점과 저점 사이 어중간한 지대에 위치해 있지만, 수렴

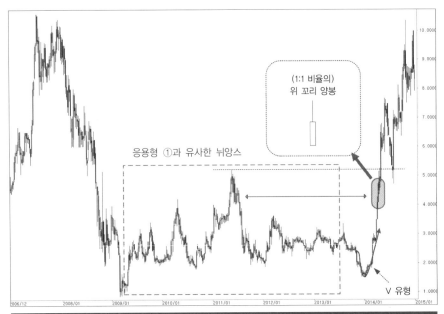

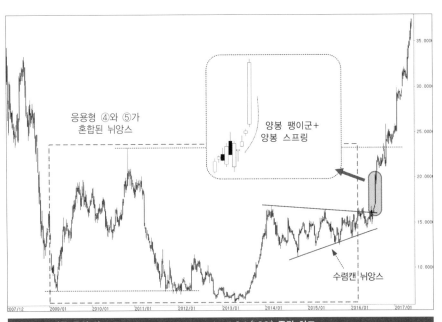

294

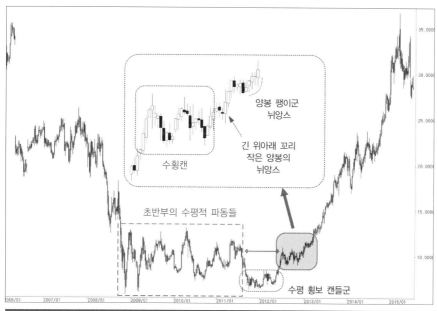

그림 10-3 │ 미국 주식 차트 3. NASDAQ_Sonic Corp(SONC) 주간 차트

캔의 뉘앙스인 캔들군을 돌파하는 선상이자, 이전 고점을 앞둔 위치의 '양봉 팽이군+양봉 스프링'은 매수 신호가 될 수 있다.

〈그림 10-3〉의 경우 초반부여서 수평적 파동 구간으로 칭할 수는 없지만, 응용형 ③의 뉘앙스를 보이고 있다.

수평 횡보 캔들군을 거쳐 상승하는 위치이자, 수횡캔의 선상에서 형성된 '긴 위아래 꼬리 작은 양봉'과 '양봉 팽이군'은 매수 신호다. 둘 다 전형적인 형태는 아니다. 하지만 이전 파동과 선행 캔들군인 수횡캔이 이들의 미흡함을 보완한다고 할 수 있다. 위치적으로 볼 때 양봉 팽이군보다 긴 위아래 꼬리 작은 양봉과 유사한 캔들의 신뢰성이 더 높다.

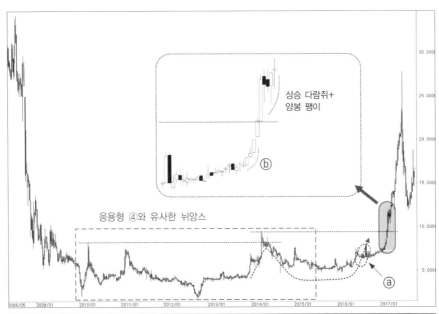

그림 10-4 | 미국 주식 차트 4. NYSE_Maui Land & Pineapple Company Inc(MLP) 주간 차트

〈그림 10-4〉를 보면 이전 고점을 돌파하지 않았거나 살짝 돌파한 ⓐ 같은 위치에서 캔들 신호의 신뢰성이 높다.

이에 비해 이전 고점을 두 번째 돌파한 위치의 '상승 다람쥐+양봉 팽이'는 형태적 신뢰성은 높지만, 위치적 신뢰성이 낮은 편이다. 이런 경우 2배 상승을 목표로 하는 것이 안전하다.

비록 형태적 신뢰성은 떨어지지만 '상승 다람쥐+양봉 팽이'보다 이전 고점을 앞둔 위치의 '작은 양봉군+양봉 스프링' 뉘앙스와 유사한 ⓑ의 신뢰성이 더 높다고 볼 수 있다.

〈그림 10-5〉를 보면 응용형 ③의 경우 파동의 높낮이가 낮아지다 수평 횡보 캔들군 이후 일직선 위주로 상승하는 ⓐ와 같은 위치에서 캔들 신호가 형성

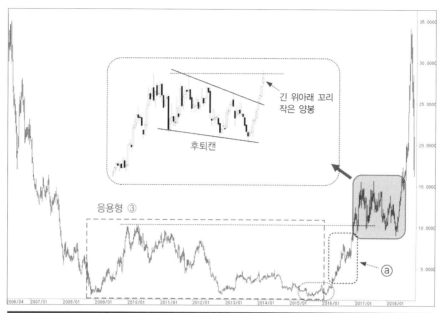

그림 10-5 | 미국 주식 차트 5. NASDAQ_Advanced Micro Devices Inc(AMD) 주간 차트

되는 것이 표준이다. 이전 고점을 돌파한 직후도 여전히 유효한데, 후퇴캔의 선
상이자 후퇴캔의 고가를 돌파하는 위치에서 형성된 '긴 위아래 꼬리 작은 양
봉'은 꼬리가 짧아 미흡한 형태이다. 하지만 그럼에도 불구하고 선행 캔들군에
의해 매수 신호가 된다. 다만, 이전 고점을 살짝 깊이 돌파한 위치임에 따라 위
와 같이 2배 상승 후 하락하는 것이 자연스럽다.

〈그림 10-6〉의 경우 큰 하락 구간은 확인되지 않지만, 응용형 ③과 유사한
뉘앙스의 파동과 저점 부근의 수평 횡보 캔들군이 있었다. '양봉 팽이군+양봉
스프링'은 전형적인 유형으로 2배 이상의 수익 또는 최고점 위를 목표로 하는 데
무리가 없다.

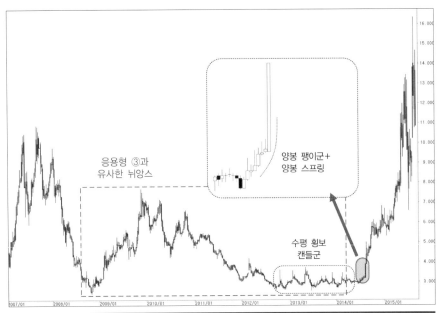

응용형 ③과
유사한 뉘앙스

양봉 팽이군+
양봉 스프링

수평 횡보
캔들군

그림 10-6 | 중국 주식 차트 1. 상해_Dongfeng Automobil(600006) 주간 차트

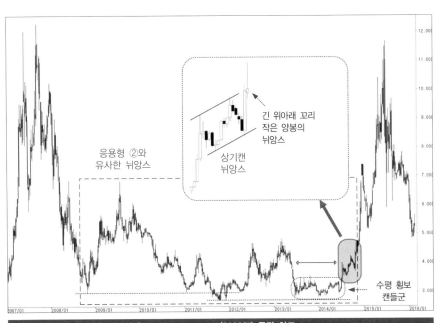

응용형 ②와
유사한 뉘앙스

긴 위아래 꼬리
작은 양봉의
뉘앙스

상기캔
뉘앙스

수평 횡보
캔들군

그림 10-7 | 중국 주식 차트 2. 상해_Huadian Power Intl(600027) 주간 차트

298

〈그림 10-7〉은 응용형 ②의 뉘앙스를 보이는 데다 전체적으로 파동이 수평적이다.

수평 횡보 캔들군을 거쳐 상승하는 과정에서 상기캔과 유사한 뉘앙스의 캔들군이 형성되었다. 그리고 긴 위아래 꼬리 작은 양봉과 유사한 캔들이 출현했다.

최고점을 돌파하지 못하고 진입 시점으로부터 2배를 약간 넘어 상승한 후 하락했다. 전체적으로 미흡한 파동 유형, 캔들군, 캔들 신호의 조합임을 고려할 때 부자연스럽지 않은 움직임이다.

〈그림 10-8〉을 보면 후반부인지 아닌지 모호한 위치에서 깔짝 파동과 유사한 파동이 있었다. 이후 간격을 둔 상태에서 '양봉 팽이군'과 '긴 위아래 꼬리 작은 양봉'의 뉘앙스가 섞인 매수 신호가 출현했다.

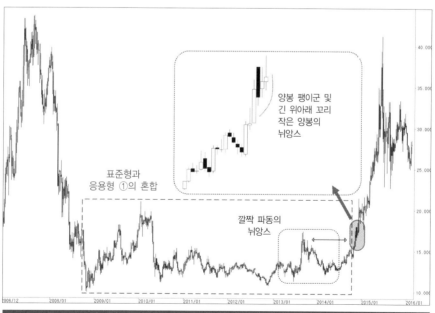

그림 10-8 | 중국 주식 차트 3. 상해_S/Intl Airport(600009) 주간 차트

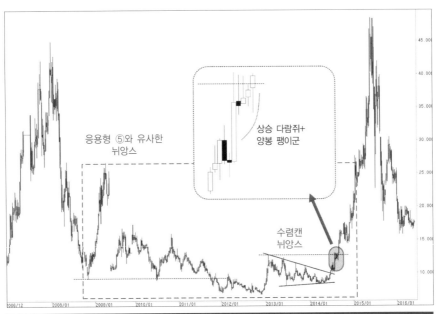

상승 다람쥐+
양봉 팽이군

응용형 ⑤와 유사한
뉘앙스

수렴캔
뉘앙스

그림 10-9 | 중국 주식 차트 4. 심천_Avic Aircraft Co., Ltd.(00768) 주간 차트

〈그림 10-9〉는 응용형 ⑤의 관점으로 볼 때 저점 돌파 후의 수평적 움직임
이 짧아 다소 미흡한 위치이다. 하지만 수렴캔의 선상에서 '상승 다람쥐+양봉
팽이군'이 형성되었다.

최고점을 돌파하고 3배를 약간 넘어 상승한 후 하락했지만, 파동 유형과 수
렴캔의 위치적 미흡함을 고려할 때 2배 수익 후 매도하는 것이 안전했을 것이다.

〈그림 10-10〉을 보면 이전 저점을 살짝 돌파했지만 응용형 ③을 완성한
수평 횡보 캔들군을 거쳐 '작은 양봉군+양봉 스프링'이 형성되었다. 파동 유형
및 캔들 신호가 전형적인 상황에서 직전의 ⓐ는 형태적으로 톱니캔은 아니다.
하지만 후행 캔들 신호의 신뢰성을 부분적으로 높이는 역할을 했다고도 볼 수
있다.

300

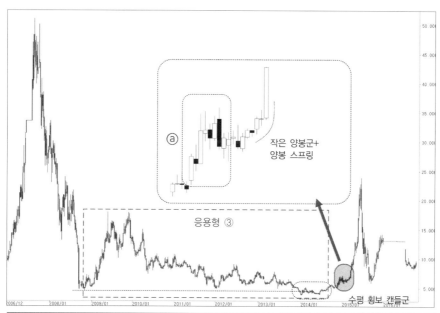

그림 10-10 | 중국 주식 차트 5. 심천_Suning Universal Co., Ltd.(000718) 주간 차트

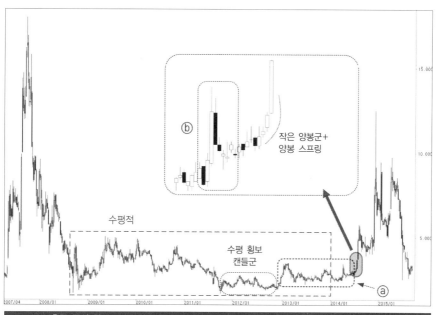

그림 10-11 | 홍콩 주식 차트 1. HANGSENG_Shenwanhongyuan(00218) 주간 차트

〈그림 10-11〉을 보면 수평 횡보 캔들군[21] 이후 수횡캔[22] 또는 수렴캔과 유사한 뉘앙스의 ⓐ가 있었다(구성 파동이 완만하기에 전형적인 수횡캔 또는 수렴캔은 아니다). ⓑ는 톱니캔으로 볼 수 없는 유형이지만, 전체적인 파동 유형과 위치를 고려할 때 후행한 '작은 양봉군+양봉 스프링'은 단기 매수 신호가 되기에 충분하다.

〈그림 10-12〉에서 첫째, 이전에 큰 하락 구간이 확인되지 않았다. 둘째, ⓑ의 수평 횡보 캔들군이 완전한 초반부이다. 셋째, 이전 파동인 ⓐ 또한 단일 파동 위주에 불과하다. 이처럼 미흡한 모듈의 연결 선상에서 형성된 ⓒ의 이중 꼬

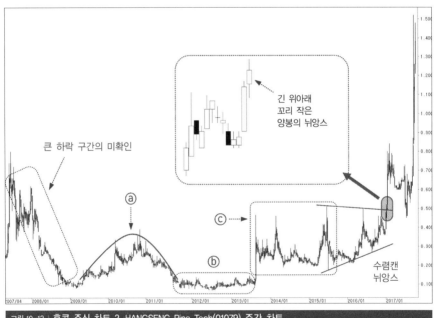

그림 10-12 │ 홍콩 주식 차트 2. HANGSENG_Pine Tech(01079) 주간 차트

---

21) 수평 횡보 캔들군은 수평적으로 횡보하는 움직임을 보이는 작은 캔들군으로 표준형, 볼록형, 빨랫줄형, V형이 있다.
22) 수횡캔은 수평적으로 횡보하는 2개 이상의 작은 파동으로 구성된 캔들군이다.

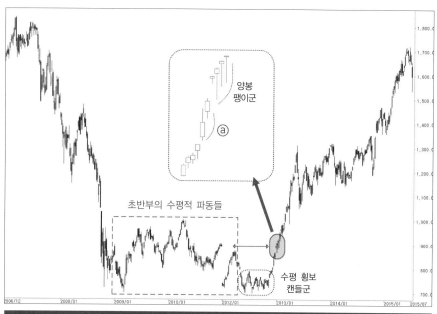

그림 10-13 | 일본 주식 차트 1. Nikko Exchange Traded Index Fund(1308) 주간 차트

리군과 그 이중 꼬리군에서 확장된 다중 꼬리군은 모두 신뢰하기 어렵다. 꼬리
군의 파동 크기 또한 ⓐ에서 ⓑ로 이어진 전체적인 파동에 비해 너무 크다.

　이후 수렴캔 뉘앙스로 연결되고 고가 부근에서 '긴 위아래 꼬리 작은 양
봉'과 유사한 캔들이 출현하여 상승하긴 했다. 하지만 매수 신호로 판단하기에
는 여전히 불충분하다.

　〈그림 10-13〉의 경우 초반부지만 2개 이상의 수평적 복합 파동을 지나 수
평 횡보 캔들군이 형성되었다.

　ⓐ는 얼핏 상승 펀치와 유사하지만 캔들 크기가 작은 데다 직전 캔들군 또
한 큰 양봉군 위주가 아니어서 신뢰하기 어렵다. 하나의 양봉과 마찬가지인 짧
은 갭 상승 직후 형성된 '양봉 팽이군'은 신뢰할 수 있는 매수 신호다.

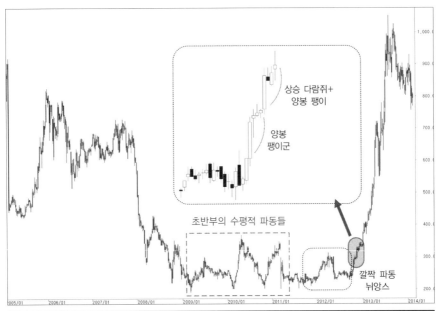

그림 10-14 | 일본 주식 차트 2, Nomura Co., Ltd.(9716) 주간 차트

〈그림 10-14〉를 보면 초반부지만 깔짝 파동과 유사한 파동 이후 전형적인 형태로 완성된 '양봉 팽이군' 및 '상승 다람쥐+양봉 팽이' 모두 유효한 매수 신호다.

〈그림 10-15〉를 보면 응용형 ①의 뉘앙스를 띤 초반부에서 수평 횡보 캔들 군을 대신하는 깔짝 파동 같은 파동이 형성되었다.

이후 일직선으로 상승하는 위치에서 매수 신호인 '상승 다람쥐+양봉 팽이'가 출현했다. 양봉 팽이는 이 경우처럼 위아래 꼬리를 동시에 지닌 캔들이어야 하며, 꼬리가 길수록 신뢰성이 높다.

〈그림 10-16〉의 경우 초반부의 파동이 크긴 하지만 저점을 돌파한 직후 수

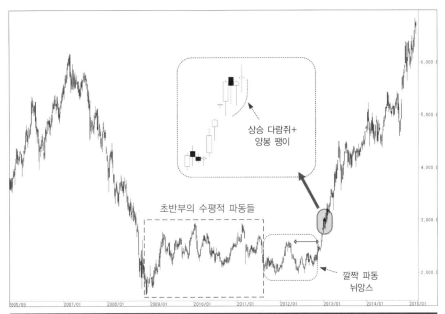

그림 10-15 | 일본 주식 차트 3, Toyota Industries Corporation(6201) 주간 차트

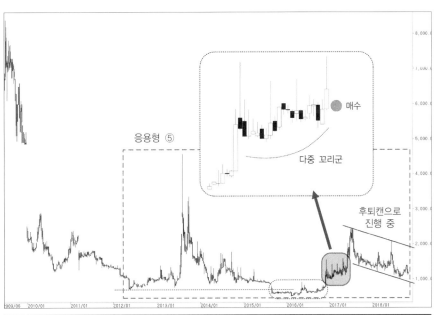

그림 10-16 | 일본 주식 차트 4, Sockets Inc(3634) 주간 차트

평적으로 움직인 상황임을 고려할 때 응용형 ⑤로 분류할 수 있다. 〈그림 10-9〉의 '중국 주식 차트 4'의 경우와 마찬가지로 다소 미흡한 위치이다. 하지만 적당한 파동 크기를 가진 다중 꼬리군이 형성됨으로써 매수 진입이 가능하다.

〈그림 10-9〉에서는 최고점 위까지 상승했지만 이 경우 이전 고점에도 미치지 못한 채 약 2배 상승 후 하락했다. 초반부 파동이 너무 크고 이에 비해 저점 돌파 후의 수평적 움직임이 비교적 짧은 점으로 미루어 충분히 수긍할 수 있는 움직임이다. 이후 후퇴캔 유형으로 진행되고 있는데, 여전히 응용형 ⑤의 선상으로써 새로운 캔들군과 캔들 신호를 기다려볼 만하다.

〈그림 10-17〉을 보면 표준형의 후반부에서 깔짝 파동 뉘앙스가 있었다. 깔짝 파동 이후 형성된 '양봉 팽이군+양봉 스프링'은 신뢰할 수 있는 매수 신호다.

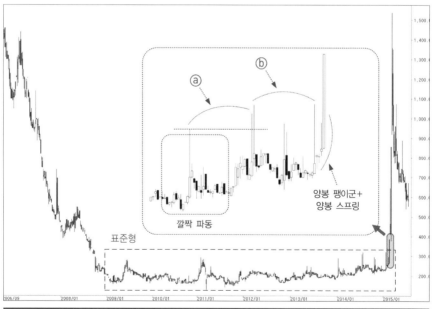

그림 10-17 | 일본 주식 차트 5, Taiyo Industrial Co., Ltd.(6663) 주간 차트

ⓐ는 두 번째 위 꼬리가 첫 번째 위 꼬리의 고가를 살짝 깊이 돌파한 위치라 이중 꼬리군이 되기에 미흡하다. 나아가 이전의 수평적 파동 구간과 시각적으로 딱히 차별화되지 않는다(구성 캔들군의 크기, 형태도 이전 캔들군과 별반 다르지 않고, 단기 상승한 위치로 보기에도 부족하다).

ⓑ의 다중 꼬리군 유형은 ⓐ보다는 낮지만 여전히 유효한 유형으로 보기에 부족하다(매수 지점을 삼등분 할 수 있는 간격이 매우 좁다).

〈그림 10-18〉을 보면 '양봉 팽이군+양봉 스프링'의 뉘앙스를 띠고 있지만, 양봉 스프링의 크기가 작아 미흡하다. 하지만 수평적 파동 구간인 응용형 ④의 유형이 매우 전형적이고 톱니캔 또한 선행되었으며, 이전 고점을 돌파하는 위치 또한 캔들 패턴의 형태적 미흡함을 보완하고 있다.

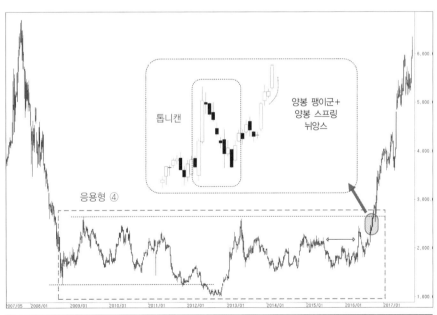

그림 10-18 | 일본 주식 6. Shima Seiki MFG Ltd(6222) 주간 차트

지금까지 주요 국가별 주식시장의 특성과 예제 차트를 살펴보았다. 해당 국가의 업종별, 개별 주식 차트에는 그 나라의 경제 상황과 시장의 거래 환경, 투자자 성향이 그대로 묻어난다. 하지만 캔들매매의 관점에서는 나라별로 어떤 차이점을 두거나 전략을 달리해서 접근할 필요가 없다. 국내 주식과 마찬가지로 취급하되, 나라별 고유 특성에 따라 관심 종목에 담아둘 잠재적인 기술적 가치주가 많고 적음에 차이가 있을 뿐이다.

비록 그 차이는 미미하지만 캔들매매의 관점에서 거래에 최적화된 주식시장은 다음과 같은 순으로 정리할 수 있다.

일본 〉 한국 〉 홍콩 〉 미국 〉 중국

시류에 이합집산하는 단타 매매자의 흔적이 비교적 적은 일본 주식시장의 차트가 가장 깨끗하다. 하지만 액면분할과 액면병합 종목이 많아 관심 종목의 관점에서는 국내 주식시장이 최적이다.

차트로 표현되는 시장 특성에 관해 깊이 있는 고찰은 불필요할 수 있다. 하지만 국내 주식시장이 미국 주식시장처럼 유동성이 풍부하거나 또는 많은 부분에서 기업 가치나 시장 대세에 따라가는 것도, 투자자 성향은 비슷하지만, 중국처럼 시류에 편승함이 극단을 달리거나 정부나 대규모 세력의 개입이 빈번한 것도 아닌, 여러 면에서 중간쯤 정도의 시장이어서가 아닐까 한다.

성마르고 자기통제가 잘 안 되는 단기투자자(실제로는 투기자, 도박꾼)가 많고 이들을 노린 세력도 자잘하게 많지만 크게 교란하지는 않는 시장 특성이 차트에도 그대로 반영됨으로써 기술적 분석에 관한 한 다른 나라 시장보다 좀 더 나은 환경을 제공하는지도 모르겠다.

물론 단타 매매자, 테마주 매매자가 많은 시장 특성이 꼭 부정적인 것만은 아니다. 어차피 제로섬 게임인 시장에서 어설프고 성마른 방식으로 거래하는 개인투자자가 많아야만 이성적이고 현명한 투자자가 상대적으로 수익낼 확률이 높기 때문이다.

어쨌든 누구에게나 평등한 세계인 차트와 캔들로 국내 주식시장에서 실력과 자금을 충분히 쌓은 후 해외 주식시장까지 두루 섭렵하도록 하자.

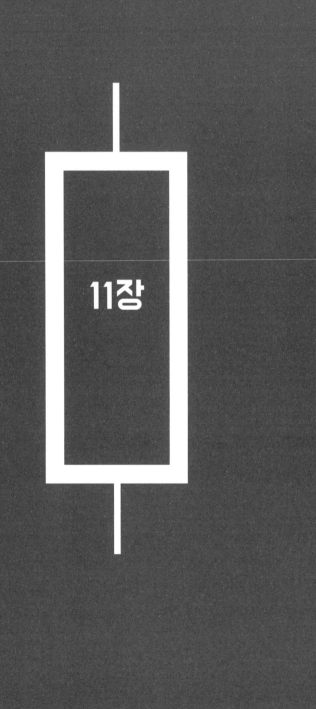

11장

수익과
손절매

"배움이란 날마다 보태는 것이요,
깨달음이란 날마다 덜어내는 것이다."

장기투자를 위한 자금의 운용과 관리

레버리지를 사용하지 않거나 매우 낮기 때문에 충분한 기대 수익을 얻기 위해서는 해외선물이나 외환보다 주식투자는 비교적 많은 자금이 필요하다.

예를 들어 해외선물의 한 종목인 '금(Gold)'을 20배의 레버리지를 사용하였는데, 5,000달러로 1계약 매수 후 5%가 상승했다고 가정하면 2배에 달하는 5,000달러의 수익을 얻게 된다. 이에 비해 레버리지를 사용하지 않는 주식투자에서는 한 종목을 500만 원으로 매수 후 5%가 상승하면 25만 원에 그친다(물론 주식에서도 5배의 레버리지를 사용한다면, 예를 들어 최소 증거금율 20%로 미수거래하면 500만 원으로 2,500만 원을 투자하는 효과를 얻게 된다. 그리고 5%인 125만 원이 수익이 되겠지만 해외선물 투자와 비교하면 여전히 낮은 액수다).

얼핏 주식보다 파생상품인 해외선물을 거래하는 게 훨씬 낫다고 생각할 수 있겠지만, 여기에는 함정이 도사리고 있다. 금 매수 후 상승하지 않고 반대로 5%가 하락하면 계좌는 깡통(마진콜)이 되고 만다. 같은 경우 주식에서의 5% 손실은 단지 25만 원만이 줄어 계좌에는 여전히 475만 원이 남아 있음에도 말이다.

이처럼 높은 레버리지의 사용은 양날의 검과 같아 휘두르면 휘두를수록 자신이 다칠 확률이 높은 고수익, 고위험 방식이다. 더군다나 파생상품은 투자자를 24시간 쉬지 않고 모니터를 쳐다보거나 매매하게 만든다. 그리고 과도한 스트레스에 노출시키는 환경을 조성한다.

레버리지 차이로 인해 주식투자로 충분한 이익을 얻기 위해서는 상대적으로 많은 자금이 필요하다. 초기 자금이 1,000만 원이라면 연간 100% 이익을 얻더라도 1,000만 원에 그치지만, 1억 원이라면 1억 원의 이익을 얻을 수 있기 때문이다. 물론 1,000만 원 이하의 소액으로 투자해도 괜찮다. 특히 시장 입문자라면 충분한 모의투자를 거친 후 1,000만 원 이하의 소액으로 거래를 시작하는 것을 추천한다.

단, 초기 자금이 적다고 해서 신용거래로 일종의 레버리지를 쓰는 행위는 금물이다. 레버리지로 인한 폐해는 말할 것도 없고 비싼 이자와 연체료 때문에 단타 매매를 위주로 할 수밖에 없어 길게는 1년 이상 포지션을 보유해야 하는 캔들매매와는 어울리지 않기 때문이다. 매수한 종목을 당일 매도하거나 3거래일 안에 현금을 입금해두어야 하는 미수거래는 언급할 가치도 없다. 신용거래와 미수거래는 캔들매매의 고려 대상이 아니다.

투자 자금 규모, 시장 및 거래 방식, 전업이냐 부업이냐에 관계없이 투자자라면 지켜야 할 절대 원칙이 있는데, 바로 자금 관리다. 분산투자로 대표되는 자금 관리의 핵심은 가용 가능한 모든 자금을 쏟아 부어 한두 종목에 올인하지 않는 것이다. 더불어 한 종목에서 수익이 나거나 손실이 발생할 때 대책 없이 추가 매수하지 않아야 한다.

자금 관리라는 절대 원칙을 지키기 위해서는 다음과 같은 조건의 수행이 필요하다.

한 종목당 기본 투자 비중을 10%로 유지

총 자금이 5,000만 원이라면 한 종목당 총 매수 금액은 500만 원을 넘기지 않아야 한다. 그래야 나머지 4,500만 원으로 9개의 종목을 추가 매수할 수 있을 것이다. 다만 1,000만 원 이하의 소액 투자자라면 기본 투자 비중을 20%로 늘려도 무방하다.

한 종목에서 손실 중일 때 2회 이상 추가 매수 금지

1차, 2차 분할 매수가 필요할 때는 각각의 투자 비중을 5%로 설정하여 한 종목당 기본 투자 비중인 10%를 넘지 않도록 한다. 예외적으로 마지막 3차 매수가 필요할 때도 10% 이내만 투입, 총 투자 비중은 20%를 넘기지 않아야 한다.

〈불확실한 상황에서의 합리적 판단〉이라는 논문에서 이런 실험을 한 적이 있다. 수학 교육을 받은 61명의 젊은 참가자들에게 각각 25달러를 지급한 후 앞면이 나올 확률이 60%인 동전 던지기 게임에 베팅하게 하였다. 그리고 최대로 가져갈 수 있는 돈을 10배인 250달러로 정했다. 이론적으로 승률이 60%였기 때문에 참가자 모두 게임을 하면 할수록 수익이 누적, 원금의 10배를 벌어야 했지만 결과는 초라했다. 참가자 중 28%는 원금을 모두 잃었으며 나머지 72%의 평균 지급액은 91달러에 그쳤다. 60 대 40의 굉장히 유리한 게임을 하는데도 전략적·효율적으로 베팅하지 못하면 이처럼 기대 수익 달성은커녕 파산에 이를 수도 있는 것이다. 하물며 이론적 승률이 50%에 불과한, 실질적으로는 50% 이하인 주식투자에서 자금 관리의 중요성은 아무리 강조해도 지나치지 않다.

기본적이고 기초적인 자금 관리가 되지 않는 투자자는 투자자라 할 수 없다. '대박', '한 방'을 노리고 있는 돈, 없는 돈을 끌어다 몰빵하는 행위는 공격적인 투자 전략이 아니라 무모한 투기, 도박에 지나지 않는다. 예를 들어 한두 번의 시도가 성공하더라도 그런 식의 운은 계속되거나 반복되지 않는 법이다. 몰빵을 통해 큰 수익을 노리기보다 수익이 좀 덜 나더라도 안전하고 효율적인 방식으로 투자하는 것이 지극히 정상이다. 시중에 떠도는 무용담, 제삼자의 성공담에 경도되어 조급한 마음에 자금 관리 원칙을 어기고 투기, 도박의 세계, 고난의 길로 빠지지 않도록 조심하자.

수익 목표에 따른 수익 관리

캔들매매에서 정한 수익 목표는 일률적으로 2배 아니면 3배다. 파동, 캔들군, 캔들 신호의 각 모듈이 표준적이라면 3배(200% 증가) 수익을 목표로 하고, 비표준적, 즉 전형적이지 않다면 2배(100% 증가) 수익을 목표로 한다.

차트에 눈이 달린 것도 아니고, 대충 그렇게 정하는 게 의아스러울 수도 있을 것이다. 하지만 개개인별 수준과 거래 환경이 모두 다른 상황에서 청산 신호를 일일이 소개하고, 상황에 따른 유연한 대응을 기대함은 무리일 것이다. 매수 신호를 찾기에도 벅찬 입문자에게 매도 신호까지 찾아 신경 쓰라고 한다면, 학습 시간도 오래 걸릴뿐더러 아무것도 아닌 캔들에 지레 청산하고 마는 우를 범할 확률 또한 높아진다.

3배 수익 청산 기준은 매도 시점에 너무 신경 쓰지 않도록, 오락가락하지 않도록 정한 원칙이니 복잡한 고민 없이 그대로 따라주기 바란다. 거래하다 보면 신기하게도 매수 진입 시점으로부터 2배, 3배 기준에 딱 들어맞게끔 차트가 움직이는 상황을 자주 목도하게 될 것이다.

다만 경계해야 할 것은 별다른 근거가 없는데도 애초 목표했던 2배, 3배까지 포지션을 유지하지 못하고 중도에 청산하는 행위다. 오랜 기간 단타 매매의 습관에 물든 사람이라면 이런 유혹을 떨치기 어려울 수 있다. 습관과 마인드를 전환하는 과도기에서의 일부 시행착오는 어쩔 수 없다. 하지만 몇십 퍼센트의 잔 수익에 만족하고 빠져나오는 행위를 반복해서는 안 된다. 그럴수록 단타 매매의 굴레에서 벗어나지 못하고, 평생 스트레스를 받는 불안한 투자 패턴을 이어가게 된다. 비생산적인 고리는 하루빨리 끊어내야 한다.

매수 후 급등하거나 끊임없이 상승하면 기쁘겠지만 너무 들뜬 마음도 금물이다. 그런 상태로는 예상과 반대로 하락, 급락할 때 이성적으로 판단하기 어렵다. 최상은 '상승해도 그만, 하락해도 그만'이라는 무사안일의 자세다. 차트와 캔들은 정해져 있지 않은 길을 매일, 매주 반복해서 오르락내리락할 뿐이다. 그러므로 그런 일상적인 오름과 내림에 일일이 반응하며 일희일비해서는 곤란하다. 근거에 매수하고 근거가 있는 한 매수 포지션을 계속 유지하되 만사를 '그러려니' 하고 무심히 받아들여야 한다.

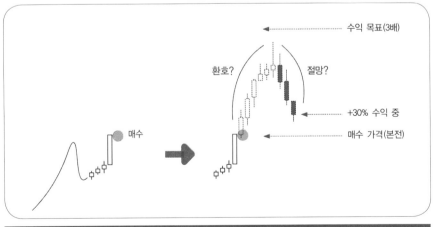

그림 11-1 | 수익 관리 1

전형적인 유형에서 매수 후 3배 수익을 목표로 했다면 도중에 분명한 변수가 생기지 않는 한 목표 수익에 도달할 때까지 쓸데없이 복잡한 생각, 분석을 하지 않도록 한다.

거래를 하다 보면 매수 후 원래 목표했던 3배 수익에 미치지 못하고 하락하거나 하락 조정받는 경우를 마주할 수 있다. 상승할 때는 마냥 좋아하다가 하락할 때는 실망한다면, 그런 심경의 변화를 거래할 때마다 반복한다면 투자 행위는 그야말로 고역이 되고 만다.

3배를 목표로 했는데 매수 후 2배를 넘어 상승한 후 하락하면 원래 매수 가격(본전 가격)에 자동 매도 주문을 걸어놓고 지켜보도록 하자. 잔 수익이라도 건지려고 하는 얕은 생각에 중도 청산하면 다음 거래에서도 그런 습관이 반복될 수밖에 없다.

〈그림 11-2〉와 같이 매수 후 너무 긴 시간을 끌지 않는 한 계속 지켜봐야 한다.

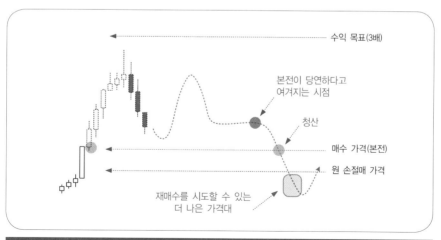

수익 목표(3배)

본전이 당연하다고
여겨지는 시점

청산

매수 가격(본전)

원 손절매 가격

재매수를 시도할 수 있는
더 나은 가격대

그림 11-2 | 수익 관리 2

주간 차트로 진입했다면 최소 3~4개월, 길게는 1년 이상 시간을 끌어야만 원 매수 가격에 닿을 가능성이 커진다고 판단할 수 있다. 이때는 단기 수익에 만족하고 청산해도 무방하다.

전형적인 신호였음에도 3배에 도달하지 못하고 하락한다면 그다음 매수에 유리한 구간은 해당 캔들 신호의 원래 손절매 가격 아래다. 단, 음봉군으로 하락할 때는 무턱대고 매수해서는 안 되며, 적당한 크기의 양봉이 완성된 후 매수에 나서야 한다. 추가적인 매수 신호를 확인한 후 매수한다면 훨씬 더 안전할 것이다.

〈그림 11-2〉는 다양한 상황 중 '시간을 끄는' 한 예일 뿐이다. 이중/다중 꼬리군에서 매수 후 중도 청산해야 하는 경우는 앞에서 소개한 적이 있지만, 중도 청산이 유리한 나머지 매도 신호를 모두 설명하기는 어렵다. 다만, 매수 후 얼마 못 가 추가적인 매수 신호가 출현했음에도 계속 상승하지 못하고 음봉 스프링 같은 특정 캔들이 출현하면(234쪽, '8장 캔들'의 〈그림 8-52〉 '매도 신호가 되는 캔들 및 캔들의 조합' 참고) 중도 청산이 유리하다. 만약 이런 상황까지 신경 쓰기 어렵다면 복잡한 해석으로 중도 청산하지 말고 목표 수익을 달성하지 못할 바에야 차라리 본전 청산을 하겠다는 기본 관점을 갖도록 한다.

투자가 잘될 때도 조심하고, 안 될 때는 더 조심해야 한다. 우쭐대며 근거 없이 감으로 아무 종목이나 매수하면 얼마 못 가 계좌 잔액은 다시 줄어들게 된다. 잘 되든 안 되든 오로지 '근거'에 매수하고 '일희일비하지 않음'이 투자자가 지양해야 할 최상의 자세다.

03 손실을 피하는 손절매 관리

손절매를 반기고 좋아할 투자자는 없다. 하지만 손절매는 싫고 좋음의 대상이 아니라 자금 관리와 마찬가지로 당연히 수용하고 수행해야 하는 절대 원칙에 속한다. 손절매할 수밖에 없는 이유는 단순하다. 미래 주가는 미리 정해져 있지 않기에 이 세상 그 누구도 꾸준히 예측할 수 없다. 손절매하지 않는 행위는 브레이크가 고장 난 차로 어두운 밤, 절벽 길을 달리는 것과 매한가지다.

역사상 많은 사람이 손절매나 단기적인 손실을 피하고자 다양한 도구를 개발하고 주식시장에 적용해왔다. 예를 들어 물타기와 마틴게일(Martingale)[23]은 투자자에게 곧잘 악몽을 안겨주는 대표적인 방식이다. 어떠한 미사여구로 포장하더라도 가벼운 손절매나 손실 수용을 거부하고 대신 취하는 이런 방식은 올바른 선택이라 할 수 없다.

---

[23] 손실 후에 베팅 크기를 증가시키는 방식이다. 예를 들어 첫 번째 베팅으로 100원이 손실 중이라면 두 번째 베팅에서는 200원을 투입한다. 이전 손실분인 100원을 되찾아오기 위해서는 50%의 수익이면 된다. 문제는 두 번째 베팅에서도 손실이 나면 원금을 단기간 내 회수하기 위해 다시 두 배인 400원, 그다음에는 800원을 투입하는 식으로 베팅 규모를 두 배씩 기하급수적으로 늘려가게 된다.

캔들매매의 기본 손절매 원칙은 다음과 같다.

손절매 원칙 1. 손절매한다.

매수 직후 자동 스톱로스(손실제한) 주문을 설정하고 매월 갱신한다. 한번 설정한 손절매 가격은 뚜렷한 근거 없이 옮기지 않는다.

손절매 원칙 2. 기본 손절매는 −10% 수준에 맞춘다.

주간 차트든 일간 차트든 관계없이 기본 손절매는 −10%를 고수하도록 한다. 이때 −10%란 한 종목의 투자 비중을 10%로 할 때의 기준이다. 투자 비중을 5%로 나누어 분할 매수한다면 첫 번째 매수 포지션의 손절매 폭은 −10%를 넘을 수도 있을 것이다(그에 비례해 두 번째 매수 시의 손절매 폭은 줄어들어야 한다).

그런데 −10% 기준을 고수하기 어려울 때가 종종 있다. 액면가가 낮거나 변동성이 큰 종목은 10%의 폭이 너무 좁아 (각 캔들 신호별 기본 손절매 선에 닿기도 전에) 조금만 움직여도 손절매 당할 가능성이 크기 때문이다. 따라서 −10%의 기본 기준을 지키기 위해 최선을 다하되 종목에 따라 어쩔 수 없는 상황이라면 −20%까지도 허용할 수 있다. 단, 처음부터 '손절매는 무조건 −20%'라는 식으로 정해서는 곤란하다.

−20%를 넘는 상황이라면 캔들 신호 완성 직후 매수할 게 아니라 최대 허용 손절매 폭 내로 들어올 때까지 진입 시점을 늦추어야 한다. 예를 들어 진입 시점까지 닿지 않고 상승하여 좋은 수익 기회를 놓치더라도 손절매 원칙을 우선시하고 방어적으로 대응하는 것이 다음 거래를 위해 더 나은 선택이다.

8가지 캔들 신호의 경우 기본 −10%, 최대 −20%의 손절매 원칙을 지키기에 큰 무리가 없다. 그런데 이중/다중 꼬리군은 좀 다르다. 구성 파동의 높낮이 차

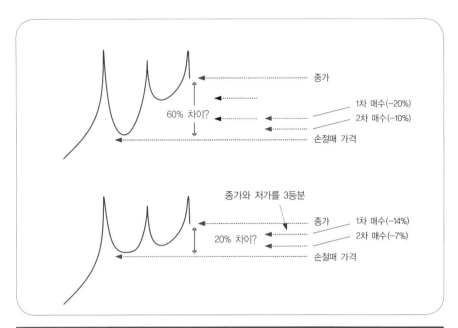

그림 11-3 | (이중/다중) 꼬리군의 파동 높낮이 차이

이 및 마지막 위 꼬리 캔들의 종가 위치에 따라 −20%를 넘을 때도 있다. 이때는 위에서 언급한 대로 최대 허용 손절매 폭 내로 들어올 때까지 하락 조정을 기다리는 수밖에 없다. 〈그림 11-3〉을 참고하자.

손절매가 최소화되는 지점이란 최대 −20%의 손절매를 할 수 있는 가격대다. 이때 1차, 2차 매수의 합계가 −30%이므로 각 포지션의 비중을 기본 10%가 아닌 7~8%로 쪼개서 매수해야만 실제 −20%의 손절매를 하게 될 것이다.

〈그림 11-4〉에서 보듯이 마지막 위 꼬리 캔들이 양봉인지 음봉인지, 몸통이 얼마나 큰지에 따라서도 진입 가격이 달라질 수 있다. 파동 높낮이 차이와 마찬가지로 폭이 −20%를 넘게 되면 최대 손절매 가격 범위 내에 들어올 때까지 진입

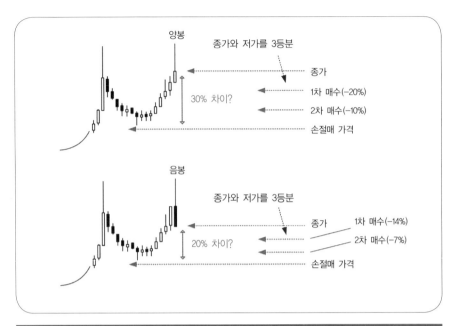

그림 11-4 | (이중/다중) 꼬리군의 캔들 종가 차이

시점을 늦추어야 한다. 가능한 −10%의 기본 손절매 기준을 지키되 어쩔 수 없는 상황이라면 −20%, 심지어 −30%의 손절매를 한 종목에 투입할 수도 있다(이때는 투입 비중을 낮춤으로써 실제 손절매 총액이 -20% 이내가 되도록 조정한다). 이처럼 기본 손절매 기준을 크게 벗어나지 않는 범위 내에서 융통성 있게 대응하는 자세가 필요하다.

몸통 크기가 매우 큰 양봉 스프링도 때로 이중/다중 꼬리군처럼 손절매 폭이 길어질 수가 있는데 이때도 엇비슷한 기준을 대입, 진입 시점을 조정하도록 한다. 각 신호별 손절매 가격은 '7장 캔들군' 및 '8장 캔들'에서 설명하였다. 신호별 손절매 가격과 '기본 −10%, 최대 −20%' 손절매 원칙을 대조하여 손절매 가격을 정한 후 적절한 진입 가격을 설정하기 바란다.

매수 후 상승하지도 못하고 곧바로 하락, 손절매한 후에는 추가 대응 없이 지켜보는 것이 원칙이다. 상승 전환되든 말든 신경 쓰지 말고 다른 관심 종목을 돌보도록 한다.

당연한 얘기지만 전형적 유형의 파동, 캔들군, 캔들 패턴일 때보다 유효하지 않거나 모호한 유형일 때 손절매 당할 확률이 높다. 전형적 유형이라면 (반대로 하락하면 깊이 하락할 가능성이 크기에) 에누리 없이 손절매하면 그만이지만, 모호한 유형은 명확한 손절매 가격을 정하기가 어렵고, 이에 따라 우왕좌왕하다 손절매 원칙을 어길 수도 있는 것이다. 따라서 모호한 유형은 반드시 보정을 통해 대응하거나 더 선명한 신호를 기다려야 한다.

각 캔들 신호의 매수 기준 및 손절매 기준을 다시 한번 정리해보자.

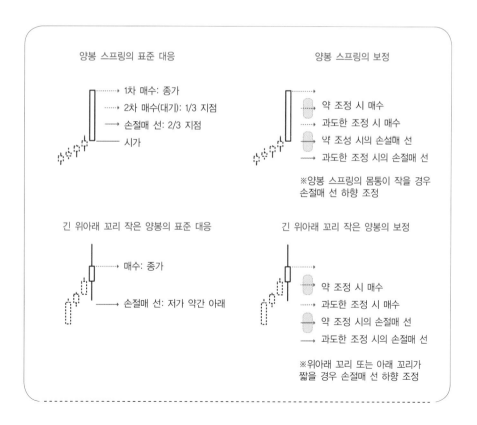

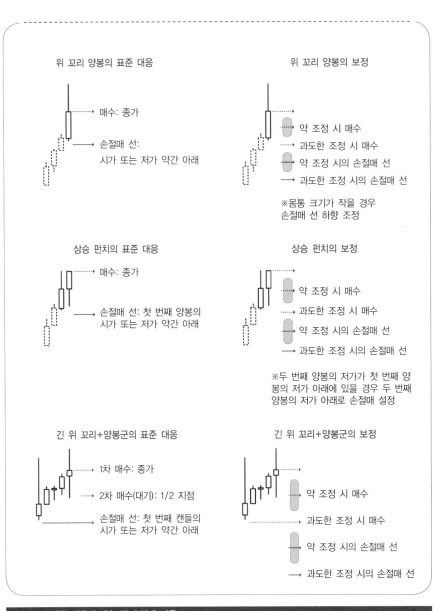

위 꼬리 양봉의 표준 대응

→ 매수: 종가

→ 손절매 선:
시가 또는 저가 약간 아래

위 꼬리 양봉의 보정

→ 약 조정 시 매수

→ 과도한 조정 시 매수

→ 약 조정 시의 손절매 선

→ 과도한 조정 시의 손절매 선

※몸통 크기가 작을 경우
손절매 선 하향 조정

상승 펀치의 표준 대응

→ 매수: 종가

→ 손절매 선: 첫 번째 양봉의
시가 또는 저가 약간 아래

상승 펀치의 보정

→ 약 조정 시 매수

→ 과도한 조정 시 매수

→ 약 조정 시의 손절매 선

→ 과도한 조정 시의 손절매 선

※두 번째 양봉의 저가가 첫 번째 양
봉의 저가 아래에 있을 경우 두 번째
양봉의 저가 아래로 손절매 설정

긴 위 꼬리+양봉군의 표준 대응

→ 1차 매수: 종가

→ 2차 매수(대기): 1/2 지점

→ 손절매 선: 첫 번째 캔들의
시가 또는 저가 약간 아래

긴 위 꼬리+양봉군의 보정

→ 약 조정 시 매수

→ 과도한 조정 시 매수

→ 약 조정 시의 손절매 선

→ 과도한 조정 시의 손절매 선

그림 11-5 | 캔들 신호의 매수 및 손절매 기준 1

양봉 팽이군의 표준 대응

- ┈┈▶ 1차 매수: 종가
- ┈┈┈ 2차 매수(대기): 1/2 지점
- ────▶ 손절매 선: 첫 번째 양봉의
  시가 또는 저가 약간 아래

※첫 번째 양봉의 몸통이 작을 경우
분할 매수 없이 종가에서만 1회 매수

양봉 팽이군의 보정

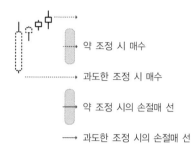

- 약 조정 시 매수
- ┈┈┈▶ 과도한 조정 시 매수
- 약 조정 시의 손절매 선
- ────▶ 과도한 조정 시의 손절매 선

상승 다람쥐+양봉 팽이의 표준 대응

- ┈┈▶ 1차 매수: 종가
- ┈┈┈ 2차 매수(대기): 1/2 지점
- ────▶ 손절매 선: 첫 번째 양봉의
  시가 또는 저가 약간 아래

※첫 번째 양봉의 몸통이 작을 경우
분할 매수 없이 종가에서만 1회 매수

상승 다람쥐+양봉 팽이의 보정

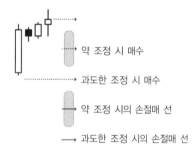

- 약 조정 시 매수
- ┈┈┈▶ 과도한 조정 시 매수
- 약 조정 시의 손절매 선
- ────▶ 과도한 조정 시의 손절매 선

큰 양봉군+긴 아래 꼬리의 표준 대응

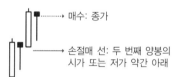

- ┈┈┈ 매수: 종가
- ────▶ 손절매 선: 두 번째 양봉의
  시가 또는 저가 약간 아래

큰 양봉군+긴 아래 꼬리의 보정

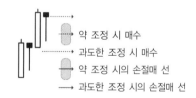

- 약 조정 시 매수
- ┈┈┈▶ 과도한 조정 시 매수
- 약 조정 시의 손절매 선
- ────▶ 과도한 조정 시의 손절매 선

※두 번째 양봉의 몸통이 작을 경우
첫 번째 아래 꼬리 캔들 센터
약간 아래로 손절매 설정

그림 11-6 | 캔들 신호의 매수 및 손절매 기준 2

이기는 투자를 위한 심리 관리

투자 심리를 극복하는 가장 단순한 방법은 '잃을 수도 있음'에 대한 간단한 인정이다. 이런 원리조차 이해하지 못하고 눈앞의 손실을 쉬이 받아들이지 못하기에 조급해하고 괴로워하는 것이다. 처음부터 인정하고 재미있는 확률 게임을 하듯 투자를 하면 좋겠지만, 말처럼 쉬운 일은 아니다.

수십 년을 거래해도 어려운 게 심리인데 많은 사람이 캔들매매로 거래하면 심리가 안정된다고 한다. 아마 다음과 같은 이유 때문이리라.

단타 매매 방식이 아니다

1시간, 15분, 5분, 1분, 심지어 틱 차트(Tick chart)로 모니터링하고 거래하면 실시간에서의 작은 양봉, 음봉 하나에도 흥분하고 긴장하게 된다. 별다른 근거와 대응 시나리오 없이 충동적으로 매수하는 빈도 또한 높아진다. 이에 비해 주간 차트로 흐름을 읽고 수익 또한 길게 가져가면 심리적으로 여유로워질 수밖에 없다.

할 수 있는 모든 종목을 거래 대상으로 한다

일반적인 투자자처럼 테마주, 코스닥주, 우량주 같은 좁은 범위의 종목을 주 거래 대상으로 삼지 않고 모든 종목을 평등하게 대한다. 소수 종목에서 손실이 나더라도 다른 많은 잠재적인 종목이 있기에 심리적으로 쫓기지 않는다.

펀더멘털 등 다른 외부 요소에 신경 쓰지 않는다

오로지 차트로만, 차트에서의 파동, 캔들군, 캔들만 해석하고 그 안에서 답을 구함으로써 뉴스, 지표 발표, 전문가 추천 등 외부 영향에 흔들리지 않는 지조 있는 거래가 가능하다. 시황, 시류와 관계없이 스스로 판단하고 스스로 책임지기에 단기적인 손실마저 편안하게 수용한다.

눈앞에서 소중한 돈이 오가는 일이기에 심리를 완벽히 컨트롤하기는 어렵다. 그럼에도 시장의 본질을 이해하고, 욕심과 조급함을 내던지고 캔들매매의 방식을 적절히 활용한다면 결국 무심(無心)의 도를 깨칠 수 있을 것이다.

수익을 내 것으로 만드는 시간 관리

주간 차트에서의 캔들은 매우 느리게 형성되고 느리게 움직인다. 1시간 이하 시간 차트로 거래하던 사람이라면 이런 간극을 견디지 못하고 지루해하고 답답해할 것이다. 심지어 거래하는 재미가 없다며 다시 옛날 습관으로 되돌아갈지 모른다.

단 몇 초, 몇 분 만에 수익이 결정되는 카지노 도박은 수익이 날 때 매우 재미있고 짜릿하다. 마찬가지로 분 단위 시간 차트에서 몇 시간, 몇 분, 심지어 몇 초 만에 수익이 날 때도 짜릿할 수밖에 없다. 이런 식의 재미, 흥분은 도박할 때 느끼는 그것과 같다. 반대로 손실이 날 때는 화가 나고 절망하고 조급해진다.

도박성 단타 매매의 또 다른 폐해는 수익을 길게 가져가지 못한다는 점이다. 손절매가 짧다는 이유를 들어 기껏해야 5%, 10% 수익에서 청산하곤 하는데 이런 방식은 피곤하기도 하거니와 다람쥐 쳇바퀴 돌듯 제자리걸음만 할 뿐이다. 많은 전업 투자자가 가만 있으면 안 되는 것처럼 자꾸 일거리를 찾아 나서듯 단타 매매에 빠져들곤 하는데 근본부터 다시 돌아봐야 한다.

시중의 투자자가 단타로 서너 달에 수백 번의 거래를 할 때, 캔들매매 투자자는 서너 달에 십수 번 또는 몇 번의 거래만 하면 된다. 시중의 투자자가 온갖 뉴스에 귀를 쫑긋 세우고 장 시작 시간에 맞춰 예식을 치르듯 준비를 할 때 캔들매매의 투자자는 뉴스나 장 시작 시간이든 간에 신경 쓰지 않고 자기 할 일을 하면 된다. 시중의 투자자가 미미한 상승, 하락 움직임에 일희일비하며 난리를 칠 때 캔들매매의 투자자는 3배 수익에 매도 청산하고 그저 그러려니 하면 된다.

캔들매매로 주식투자에 나서는 사람에게 남는 게 시간이다. 전업 투자로는 캔들매매의 이런 낯선 지루함을 이겨내기 쉽지 않다. 캔들매매 흉내를 내더라도 짜릿한 단타의 유혹에서 벗어나기 어려울 수 있다. 운동이나 취미를 주업으로 삼고 투자를 취미 삼아 전업으로 해도 되겠지만, 완전한 부업으로 해도 충분하다. 어차피 주간 차트를 위주로 하기 때문에 일주일에 한두 번만 슬쩍 차트를 봐도 된다.

이 책을 두세 번 이상 반복해서 공부하고 실제 차트에서 복기해본다면 당장 전업투자에 뛰어들고 싶은 충동을 느낄지도 모른다. 그만큼 캔들매매의 기술은 강력하고 실전적이다. 하지만 투자는 모험이 아니라 안전이 최우선이다. 부업 삼아, 취미 삼아 투자하다가 계좌 잔액과 실력이 충분히 늘었을 때 전업해도 늦지 않을 것이다.

2-4-4 법칙으로
복리 효과 누리기

캔들매매에서 사전 정의한 매수 신호라면 기본 목표가인 200% 또는 100%까지 주가가 상승할 확률이 높다. 자금관리와 분산투자 원칙을 지킨다면 10개 매수 종목 중 4개는 시간의 문제일 뿐, 목표 수익에 도달할 가능성이 크다. 즉 대략 40%의 성공 확률을 보이게 된다.

캔들매매에서는 이를 '2-4-4 법칙'이라고 한다. 만약 연간 20개 종목을 매수한다면 이 중 4개는 손절매, 8개는 본전, 8개는 수익 목표를 달성함이 정상이다(국내 주식을 거래하는 경우라면 일반적으로 1년간 약 20~30개의 종목을 매수하게 된다).

투자 자금을 5,000만 원으로, 한 종목당 투자 비중을 10%로 하여 1년 간 20개 종목을 매수했다고 가정해보자.

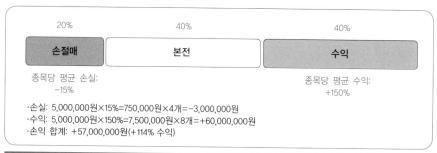

그림 11-7 | 캔들매매의 2-4-4 법칙

20%　　　　　　　40%　　　　　　　40%

| 손절매 | 본전 | 수익 |

종목당 평균 손실:
−15%

종목당 평균 수익:
+150%

·손실: 5,000,000원×15%=750,000원×4개=−3,000,000원
·수익: 5,000,000원×150%=7,500,000원×8개=+60,000,000원
·손익 합계: +57,000,000원(+114% 수익)

〈그림 11-7〉과 같이 캔들매매를 통해 연간 약 100%의 수익을 달성하는 것이 이상적이고 현실적인 목표다. 이때 최초 투자 자금을 5년간 복리로 운용한다면 다음과 같은 결과를 얻게 될 것이다.

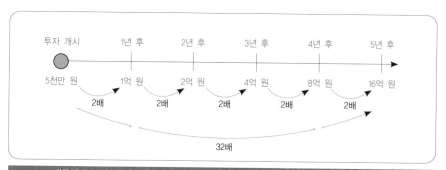

그림 11-8 | 캔들매매로 하는 복리 투자

물론 이런 수치가 당장 와 닿지는 않을 것이다. 하지만 캔들매매를 제대로 이해하고 적용한다면 달성하고도 남을 수치다. 다만, 시장 상황에 따라 어떤 해는 목표를 초과 달성할 수도 있을 것이며, 어떤 해는 목표에 다소 못 미칠 수도 있을 뿐이다. 설령 목표에 못 미치더라도 본업에 충실하거나 여유로운 개인 생활을 영위하면서 일주일에 몇 시간의 투자로 노려볼 수 있는 성과로는 부족함이 없다.

꾸준한 반복 학습이 실전에서 성과로 나타난다

서두에서도 밝혔지만 이 책의 내용은 앞장을 이해해야만 다음 장으로 넘어가는 방식이 아니다. 따라서 완벽히 이해되지 않더라도 끝까지 완독한 다음 다시 첫 장으로 돌아가 차분히 읽도록 하자. 오직 꾸준한 반복 학습을 통해서만 이 책의 내용을 오롯이 습득, 실전에서 성과를 낼 수 있음을 꼭 기억했으면 한다.

혹자는 '선명하게 와 닿는 게 없다', '결정적 한 방이 없다' 등으로 푸념할 수도 있겠지만, 그런 식의 관점은 여전히 고정관념에 속한다. '정답'이나 뚜렷한 '공식'에 대한 집착은 모두 부질없다. 어떤 무술 고수도 초식(招式)을 상황에 맞게 응용할 뿐, 처음에 배운 초식의 모양 그대로 싸우지 않는다. 다만 싸움 환경에 따라, 싸움 상대방에 따라 수많은 연습을 통해 몸에 저절로 익힌 초식에 기반한 무초식으로 싸울 뿐이다. 이 책에서 고수로 거듭날 수 있는 다양한 초식과 어떻게 응용해야 하는지 최대한 설명했다. 하지만 초보라도 어떤 적이든 한 방에 제압하는 비기를 내세운 것은 아니다.

또 한 가지 주의할 점은 캔들매매의 방식을 다른 기법과 조합하려는 시도다. 이 책을 완독했음에도 여전히 기존 보조지표나 보조도구를 버리지 못하거나 시시각각 쏟아져 나오는 외부 정보, 경제 뉴스에 귀 기울인다면 캔들매매를 제대로 이해하지 못한 것이 분명하다. 남의 관점을 온전히 받아들이는 게 쉬운 일은 아니지만, 캔들매매에 발을 들여놓은 이상 과거의 모든 관점과 습관을 내려놓고 원점으로 돌아가 다시 시작했으면 한다.

우리네 인생처럼 주식시장 또한 좋을 때가 있고 안 좋을 때가 있다. 좋은 때에 안일하지 않고 안 좋은 때에 좌절하지 않음이 고수의 자세다. 책을 반복 학습했다면 지금이 좋은 때인지 아닌지 구분하는 안목을 조금이나마 길렀으리라 믿는다. 평소엔 느긋하다 못해 게으르다가도 때를 만나면 전광석화처럼 덤벼들어 놓치지 않는 승부사 기질을 보여주도록 하자. 남들이 노심초사하며 하루 수익에 일희일비할 때 긴 안목으로 유유자적하는 큰 투자자가 되도록 하자. 그런 이상적이고 여유로운 투자의 장인, 평생 투자자가 되는 길을 이 책에 심어 놓았다. 희망을 품고 한 발 한 발 나아가길 바란다.

캔들마스터

부록

장기 상승
가능성이
있는
미래 관심
종목
505

"투자는 두뇌 노동이다.
정당한 기술에 정당한 대가가 따른다."

지금까지 설명한 내용에 대해 여전히 이해하기 어려운 부분이 많을 것이라고 생각한다. 꾸준히 반복해서 보다 보면 이전에 무심히 지나쳤던 내용을 발견하고 흩어진 조각을 맞추어 가겠지만, 여건상 반복 학습이 녹록지 않은 투자자도 있을 것이다.

이에 표준형 또는 응용형으로 전개되고 있거나 전개될 가능성이 있는 국내외 종목을 정리하여 소개하고자 한다. 미래 관심 종목이 어떤 파동 유형인지, 어떤 캔들군이 있는지, 어떤 캔들 신호가 출현할 가능성이 높은지 등을 분석하다 보면 책 전반에 걸쳐 설명한 내용을 더욱 잘 이해할 것이다. 그리고 실전에서도 요긴하게 활용할 수 있으리라 믿는다.

여기에 수록한 시장별 종목 수는 다음과 같다.

① 한국(코스피, 코스닥): 145개

② 미국(NYSE, 나스닥, 아멕스): 129개

③ 홍콩(항셍): 85개

④ 중국(상해 후강퉁, 선전 선강퉁): 59개

⑤ 일본(도쿄): 87개

⇒ 합계: 505개

미래 관심 종목은 다음과 같은 기준으로 선별했다.

• 수평적 파동 구간이 확인된(완성된) 종목

• 수평적 파동 구간으로 진행 중인(완성될 가능성이 큰) 종목
• 수평적 파동 구간은 확인되지 않았지만 수평 횡보 캔들군 또는
  톱니캔 등의 캔들군이 확인된 종목

　대부분의 종목은 큰 하락 구간이 확인된 상황에서 수평적 파동 구간까지 확인되었거나 확인될 가능성이 있는 유형을 기준으로 했으며, 캔들군까지 확인된 종목도 소수 있다(큰 하락 구간이 확인되지 않거나 완전한 초반부에 불과한 종목들은 제외했다). 파동 유형은 최대한 가까운 쪽으로 정의했지만, 이 유형인지 저 유형인지 헷갈리는 종목도 많을 것이다. 파동 유형이 헷갈린다고 해서 머리를 싸맬 필요는 없다. '수평적 뉘앙스의 파동+(캔들군)+(깔짝 파동 또는 수평 횡보 캔들군으로 대변되는 term)+캔들 신호'라는 큰 그림을 보면 되지, '응용형 ②다, 응용형 ⑤다'라는 식으로 억지로 끼워 맞출 필요가 없다. 중요한 것은 파동 유형의 명확한 구분이 아니라 캔들 신호의 여부 및 각 모듈 간 조합을 통한 전체적인 뉘앙스의 이해다. 위치적·형태적으로 신뢰할 수 있는 캔들 신호가 발견되면 그때 파동과 선행 캔들군을 돌아보고, 미흡하면 미흡한 대로 보정 또는 응용하면 된다.

　모든 종목은 2019년 4월 시점으로 골라내었다. 해당 시점으로부터 몇 달 이후 (캔들 신호가 있든 없든) 멀리 상승한 종목도 있을 것이고, 어떤 종목은 5년이 지나도 별다른 캔들군, 캔들 신호를 만들지 못한 채 여전히 관심 종목에 머물러 있을 것이다. 또 어떤 종목은 이전 저점을 깊이 돌파함으로써 수평적 파동 구간 자체가 무효가 되기도 할 것이다. 심지어 중도에 거래 중지나 상장 폐지되는 종목도 있을 수 있다.

공부 후 열심히 관심 종목을 찾았는데, 미래 관심 종목 리스트에 없더라도 실망할 필요는 없다. 필자가 완벽히 모든 관심 종목을 찾아낼 수도 없거니와, 어떤 종목은 파동 유형의 경계가 매우 모호함으로써 미래 관심 종목에 수록해도 될지 어떨지, 독자가 이해할지 못할지 판단이 어려운 경우도 있기 때문이다. 무엇보다 시간이 갈수록 계속 새로운 관심 종목이 생겨날 것이기 때문에 리스트에 너무 얽매이지 말고 스스로 찾아 나서기 바란다.

어떤 식으로 관심 종목을 찾는지 궁금해하는 독자도 있겠지만, 지면으로 설명하기는 어렵다. 다만, 필자의 경우 하나의 관심 종목을 찾는 데 1초도 채 걸리지 않는다. 차트의 흐름을 과거부터 현재까지 일일이 읽어 내려가는 게 아니라, 마치 카메라로 장면을 찍듯 눈에 띄는 파동, 캔들군의 위치, 유형을 하나의 모듈로 인식, 조합하기 때문에 가능한 일이다.

차트를 줄인 상태에서 특정 파동과 캔들군 유형이 확인되면 차트를 확대해 살펴보고, 캔들 신호가 있는지 없는지 확인하는 과정을 거친다. 관심 종목은 일주일에 한 번 정도만 확인하며, 정기적으로 관심 종목을 골라내고 재정리하는 작업도 한두 달에 한 번이면 족하다. 익숙해지면 필자처럼 2,100여 개의 코스피, 코스닥 전 종목을 검색하는 데 1~2시간이면 충분할 것이다.

그럼 국내외 관심 종목 리스트를 참고해 공부에 더욱 박차를 가하고, 미래 수익의 씨앗을 직접 가꾸어 나가도록 하자.

시장	번호	종목명	코드	파동 유형
한국	1	하이트진로2우B	000087	Term 생성 중
	2	하이트진로홀딩스우	000145	응용형5 진행 중
	3	유유제약	000220	응용형4+5
	4	유유제약1우	000225	응용형5+수렴캔 진행 중
	5	한화손해보험	000370	응용형4 진행 중
	6	흥국화재우	000545	응용형3+수렴캔 진행 중
	7	유니온	000910	응용형1+3 진행 중
	8	JW중외제약2우B	001067	응용형5
	9	만호제강	001080	응용형1
	10	태원물산	001420	응용형1 진행 중
	11	동국실업	001620	응용형2 진행 중
	12	한양증권우	001755	응용형1+후퇴캔 진행 중
	13	무림SP	001810	응용형1 진행 중
	14	이화공영	001840	응용형5 진행 중
	15	오리엔트바이오	002630	응용형3
	16	한탑	002680	응용형1+3 진행 중
	17	유안타증권우	003475	응용형1+3 진행 중
	18	SG세계물산	004060	후퇴 꼬리군 진행 중
	19	동방	004140	응용형3 진행 중
	20	깨끗한나라	004540	응용형2 진행 중
	21	써니전자	004770	응용형3 진행 중
	22	DRB동일	004840	응용형5
	23	녹십자홀딩스2우	005257	표준형 진행 중
	24	모나미	005360	응용형3 진행 중
	25	푸드웰	005670	응용형1 진행 중
	26	국영지앤엠	006050	응용형1+3 진행 중
	27	삼아알미늄	006110	표준형 진행 중
	28	피제이전자	006140	Term 생성 중
	29	한국전자홀딩스	006200	응용형2 진행 중
	30	대원전선	006340	응용형1 진행 중
	31	대림통상	006570	응용형1 진행 중
	32	우성사료	006980	응용형1
	33	일신석재	007110	응용형1
	34	진양제약	007370	응용형4
	35	선도전기	007610	응용형1 진행 중
	36	한일화학	007770	응용형1 진행 중
	37	사조동아원	008040	Term 생성 중
	38	원풍물산	008290	표준형+응용형 3 진행 중
	39	한솔로지스틱스	009180	응용형4
	40	태영건설우	009415	응용형1+수렴캔 진행 중
	41	KC그린홀딩스	009440	응용형3+5 진행 중
	42	포스코엠텍	009520	응용형5 진행 중
	43	삼보산업	009620	응용형3

시장	번호	종목명	코드	파동 유형
한국	44	모토닉	009680	응용형1 진행 중
	45	엔케이물산	009810	응용형3+후퇴캔 진행 중
	46	우리종금	010050	응용형1 진행 중
	47	대한광통신	010170	응용형5
	48	쌍용정보통신	010280	표준형 진행 중
	49	지코	010580	응용형1+3 진행 중
	50	현대미포조선	010620	응용형5 진행 중
	51	삼호개발	010960	응용형1 진행 중
	52	갤럭시아에스엠	011420	응용형3 진행 중
	53	한농화성	011500	응용형1
	54	한신기계	011700	응용형1 진행 중
	55	영흥철강	012160	표준형 진행 중
	56	뉴인텍	012340	응용형3 진행 중
	57	경인양행	012610	응용형1 진행 중
	58	대창	012800	응용형1+3 진행 중
	59	계룡건설	013580	응용형4+5
	60	아가방컴퍼니	013990	응용형3 진행 중
	61	고려제약	014570	응용형1 진행 중
	62	큐캐피탈	016600	응용형1 진행 중
	63	대성홀딩스	016710	응용형1 진행 중
	64	웅진	016880	응용형5
	65	수산중공업	017550	응용형1 진행 중
	66	티에이치엔	019180	응용형4 진행 중
	67	하이트론	019490	응용형1 진행 중
	68	SBI인베스트먼트	019550	응용형5
	69	대호피앤씨	021040	응용형1 진행 중
	70	서원	021050	응용형3
	71	KCC건설	021320	응용형5
	72	PN풍년	024940	응용형1+3 진행 중
	73	시노펙스	025320	응용형5
	74	케이씨피드	025880	표준형
	75	한국주강	025890	응용형3 진행 중
	76	특수건설	026150	응용형1+2
	77	부국철강	026940	응용형1 진행 중
	78	서울전자통신	027040	응용형1 진행 중
	79	팜스토리	027710	응용형4
	80	KTB투자증권	030210	응용형3
	81	교보증권	030610	응용형4
	82	에스에이엠티	031330	응용형2+5
	83	콤텍시스템	031820	표준형
	84	아즈텍WB	032080	응용형4
	85	삼일	032280	응용형4
	86	피델릭스	032580	응용형3 진행 중
	87	우리기술	032820	응용형3

시장	번호	종목명	코드	파동 유형
한국	88	바이온	032980	응용형1
	89	제이엠아이	033050	응용형3
	90	디지털조선	033130	응용형1+3 진행 중
	91	모아텍	033200	응용형3
	92	조아제약	034940	응용형1
	93	기산텔레콤	035460	응용형1+3 진행 중
	94	솔본	035610	응용형4
	95	바른손이앤에이	035620	응용형3 진행 중
	96	KTH	036030	응용형1 진행 중
	97	이매진아시아	036260	응용형1 진행 중
	98	영풍정밀	036560	응용형1 진행 중
	99	세종텔레콤	036630	응용형3
	100	YG PLUS	037270	응용형1+3 진행 중
	101	인지디스플레	037330	응용형2 진행 중
	102	우리조명	037400	응용형3 진행 중
	103	위즈코프	038620	응용형2 진행 중
	104	파인디지털	038950	응용형4 진행 중
	105	에이아이비트	039230	응용형2+4 진행 중
	106	세중	039310	응용형3 진행 중
	107	한국경제TV	039340	응용형4
	108	한국정보공학	039740	응용형1 진행 중
	109	나노엔텍	039860	응용형4
	110	누리텔레콤	040160	응용형1+3 진행 중
	111	SG&G	040610	응용형1
	112	네오위즈홀딩스	042420	응용형2 진행 중
	113	디지아이	043360	응용형2
	114	국순당	043650	응용형1+3
	115	삼화네트웍스	046390	응용형1+3
	116	한빛소프트	047080	응용형5
	117	유니온머티리얼	047400	표준형
	118	라이브플렉스	050120	응용형3 진행 중
	119	한국코퍼레이션	050540	응용형3 진행 중
	120	쏠리드	050890	응용형3 진행 중
	121	큐로홀딩스	051780	응용형3 진행 중
	122	지에스이	053050	응용형1 진행 중
	123	구영테크	053270	응용형4 진행 중
	124	텔레칩스	054450	응용형4 진행 중
	125	삼영엠텍	054540	응용형1 진행 중
	126	한컴시큐어	054920	응용형1 진행 중
	127	신스타임즈	056000	응용형3
	128	유진로봇	056080	응용형1+4 진행 중
	129	토필드	057880	응용형2+4 진행 중
	130	인선이엔티	060150	응용형2+4 진행 중
	131	에스에이티	060540	응용형1

시장	번호	종목명	코드	파동 유형
한국	132	인텍플렉스	064290	응용형4+5
	133	넥스트BT	065170	응용형1+3 진행 중
	134	손오공	066910	응용형1+3 진행 중
	135	브레인콘텐츠	066980	응용형3 진행 중
	136	세진티에스	067770	응용형1 진행 중
	137	코아스	071950	응용형1 진행 중
	138	네오디안테크놀로지	072770	응용형1 진행 중
	139	삼원테크	073640	응용형5 진행 중
	140	플랜티넷	075130	응용형1+3 진행 중
	141	한컴지엠디	077280	응용형2+5
	142	루미마이크로	082800	응용형2+3 진행 중
	143	일진파워	094820	표준형 진행 중
	144	SDN	099220	응용형1 진행 중
	145	쌍방울	102280	응용형1+3 진행 중

시장	번호	종목명	코드
미국	1	Aluminum Corporation of China Limited	ACH
	2	ADDvantage Technologies Group Inc	AEV
	3	AK Steel Holding Corporation	AKS
	4	Alaska Communications Sys Group Inc	ALSK
	5	Accuray Incorporated	ARAV
	6	Art-Way Manufacturing Co	ARTW
	7	Asta Funding Inc	ASFI
	8	Barnwell Industries Inc	BRN
	9	Morgan Stanley China A Share Fund Inc	CAF
	10	Cameco Corporation	CCJ
	11	Clear Channel Outdoor Holdings Inc	CCO
	12	China Eastern Airlines Corporation Ltd	CEA
	13	Central European Media Enterprises Ltd	CETV
	14	Capitol Federal Financial Inc	CFFN
	15	Comstock Holding Companies Inc.	CHCI
	16	Cinedigm Corp	CIDM
	17	Cleveland-Cliffs Inc	CLF
	18	CNX Resources Corporation	CNX
	19	China Pharma Holdings Inc	CPHI
	20	Cumberland Pharmaceuticals	CPIX
	21	Charles & Colvard	CTHR
	23	Consolidated Water Co. Ltd	CWCO
	22	Cemex S.A.B. DE C.V. Spon Adr Rep	CX
	23	Daktronics Inc	DAKT
	24	Delta Technology Holding Limited	DELT
	25	DB Gold Short ETN due Feb 15 2038	DGZ

시장	번호	종목명	코드
미국	26	Denison Mines Corp	DNN
	27	Denbury Resources Inc	DNR
	28	Document Security Systems Inc	DSS
	29	Diana Shipping Inc	DSX
	30	Dover Motorsports Inc	DVD
	31	Dawson Geophysical Company	DWSN
	32	Dynasil Corporation of America	DYSL
	33	DB Commodity Double Long ETN due Apr 1 2038	DYY
	34	DB Gold Double Short ETN due Feb 15 2038	DZZ
	35	EDAP TMS S.A. Ads Each Repr 1	EDAP
	36	ENGlobal Corporation	ENG
	37	Enservco Corp	ENSV
	38	Ericsson – ADS each representing 1 underlying	ERIC
	39	First Trust Global Wind Energy ETF	FAN
	40	First Trust Dow Jones STOXX Dividend 30 Index	FDD
	41	Fuwei Films Holdings Co	FFHL
	42	First Trust Specialty Finance	FGB
	43	Fluor Corporation	FLR
	44	Forward Industries Inc	FORD
	45	Gerdau S.A.	GGB
	46	Clough Global Dividend and Income	GLV
	47	General Moly Inc	GMO
	48	Genworth Financial Inc	GNW
	49	US Global Investors	GROW
	50	Groupon Inc	GRPN
	51	Ishares S&P GSCI Commodity IDX	GSG
	52	Ipath GSCI TR ETN	GSP
	53	Helix Energy Solutions Group Inc	HLX
	54	Hudson Global Inc	HSON
	55	Houston American Energy	HUSA
	56	Houston Wire & Cable Company	HWCC
	57	Ishares Gold Trust	IAU
	58	Industrial Services of America Inc	IDSA
	59	I.D. Systems Inc	IDSY
	60	Voya Global Equity Div & Prem Opprty FD	IGD
	61	Ishares North American Natural	IGE
	62	Imperial Oil Limited	IMO
	63	Intrepid Potash Inc	IPI
	64	New Ireland Fund	IRL
	65	Iso Ray Inc	ISR
	66	Innovative Solutions & Support	ISSC
	67	ITAU Unibanco holdings S.A. Adr Each	ITUB
	68	Intevac Inc	IVAC
	69	Ishares Trust Global Energy ETF	IXC

시장	번호	종목명	코드
미국	70	Ishares US Consumer Services ETF	IYE
	71	St. Joe Company (The)	JOE
	72	China Finance Online Co	JRJC
	73	Kingold Jewelry Inc	KGJI
	74	Koss Corporation	KOSS
	75	LCNB Corporation	LCNB
	76	Lee Enterprise Incorporated	LEE
	77	Limelight Networks Inc	LLNW
	78	Limoneira Co	LMNR
	79	LRAD Corporation	LRAD
	80	MBIA Inc	MBI
	81	Mobile Telesystems Pjsc Spon Adr Each	MBT
	82	Marchex Inc	MCHX
	83	Mizuho Financial Group Adr Each	MFG
	84	MannKind Corporation	MNKD
	85	Mosaic Company (The)	MOS
	86	Mesa Royalty Trust	MTR
	87	Mexco Energy Corporation	MXC
	88	Northern Dynasty Minerals Ltd	NAK
	89	Nomura Holdings Inc ADR American Depositary	NMR
	90	Quanex Building Products Corporation	NX
	91	Owens-Illinois Inc	OI
	92	O2Micro International Limited	OIIM
	93	On Track Innovations Ltd	OTIV
	94	Pangaea Logistics Solutions Ltd	PANL
	95	Invesco Global Clean Energy ETF	PBD
	96	PDL BioPharma Inc	PDLI
	97	Precision Drilling Corporation	PDS
	98	Progenics Pharmaceuticals Inc	PGNX
	99	Protalix Biotherapeutics Inc	PLX
	100	Pro Phase Labs Inc	PRPH
	101	Petro China Company Limited	PTR
	102	Research Frontiers Incorporated	REFR
	103	Rigel Pharmaceuticals Inc	RIGL
	104	Castle Brands Inc	ROX
	105	Redwood Trust Inc	RWT
	106	Shinhan Financial Group Co Ltd	SHG
	107	Sify Technologies Limited	SIFY
	108	iShares Silver Trust	SLV
	109	Renesola Ltd Spon Ads Each	SOL
	110	Sun Power Corporation	SPWR
	111	Sociedad Quimica Y Minera De Chile	SQM
	112	SunLink Health Systems Inc	SSY
	113	Suncor Energy Inc	SU

시장	번호	종목명	코드
미국	114	Sunoco LP Common Units Representing Limited	SUN
	115	Sypris Solutions Inc	SYPR
	116	International Tower Hill Mines	THM
	117	Total SA Spon Ads EA Rep	TOT
	118	Tejeon Ranch Co	TRC
	119	Speedway Motorsports Inc	TRK
	120	Trio-Tech International	TRT
	121	Tenaris S.A. American Depositary Shares	TS
	122	Tetra Technologies Inc	TTI
	123	United States Oil Fund LP Units	USO
	124	Universal Security Instrument Inc	UUU
	125	Nevada Gold & Casinos Inc	UWN
	126	Vista Gold Corp	VGZ
	127	Volt Information Sciences Inc	VISI
	128	United States Steel Corporation	X
	129	Olympic Steel Inc	ZEUS

시장	번호	종목명	코드
홍콩	1	동방신문(Oriental Press)	00018
	2	보위홀딩스(Burwill)	00024
	3	아투금융그룹(Asialnv Fin)	00033
	4	재통국제(Transport Int L)	00062
	5	결호홀딩스(Get Nice)	00064
	6	홍해유한공사(Grand Ocean AR)	00065
	7	창기발전(I lcndcroon Inv)	00097
	8	국예부동산(GR Properties)	00108
	9	중국장원(China Fortune)	00110
	10	딕손콘셉트(dickson Concept)	00113
	11	캐리안나(Carrianna)	00126
	12	금휘홀딩스(Jinhui Holdings)	00137
	13	홍콩부동산대부금(HK Bldg&Loan)	00145
	14	보리달자산(Polytec Asset)	00208
	15	화기전신홍콩(Hutchtel HK)	00215
	16	중국에너지개발홀딩스(China Energy)	00228
	17	신덕그룹(Shun Tak Hold)	00242
	18	중신그룹(Citic)	00267
	19	서안부동산(Shui On Land)	00272
	20	동가건강(CS Health)	00286
	21	신화통신미디어(XH News Media)	00309
	22	안강뉴스틸(Angang Steel)	00347
	23	중국지능건강(China Health Wise)	00348
	24	육씨실업(Lucks Group)	00366

시장	번호	종목명	코드
홍콩	25	복전실업(Fountain Set)	00420
	26	베트남제조가공수출(VMEP Holdings)	00422
	28	홍콩경제일보(Hket Holdings)	00423
	29	홍흥인쇄(Hung Hing Print)	00450
	30	환열인터랙티브(Huan Yue Inter)	00505
	31	세기양광그룹(Sunshine)	00509
	32	캐쉬금융서비스(Cash Fin Ser GP)	00510
	33	항화그룹(Continental H)	00513
	34	COSCO홀딩스(COSCO Ship Intl)	00517
	35	한사에너지(Hans Energy)	00554
	36	풍덕려홀딩스(Esun Holdings)	00571
	37	Bossini국제(Bossini Int L)	00592
	38	가화백화점(Jiahua Stores H)	00602
	39	열달홀딩스(Yue Da Mining)	00629
	40	이기홀딩스(LeeKee)	00637
	41	위준광업그룹(Wai Chun Mining)	00660
	42	중민가스(Chi People Hold)	00681
	43	승사컨테이너홀딩스(Singamas Cont)	00716
	44	삼신제지(Samson Paper)	00731
	45	합생창전그룹(Hopson Dev Hold)	00754
	46	상해정대부동산(Shanghai Zendai)	00755
	47	신천부동산그룹(Talent PPT GP)	00760
	48	금위의료하이테크(Golden Meditech)	00801
	49	회영홀딩스(VC Holdings)	00821
	50	신강천업절수관개홀딩스(Tianye Water)	00840
	51	페트로차이나(Petro China)	00857
	52	화진국제캐피탈(HJ Capital Intl)	00982
	53	중국재생에너지투자(CH Renew En Inv)	00987
	54	대당국제발전(Datang Power)	00991
	55	환능국제홀딩스(Enviro Energy)	01102
	56	연해녹색정원(Coastal GL)	01124
	57	COSCO에너지운송(COSCO Ship Engy)	01138
	58	롱타이그룹(Magnusconcrdia)	01172
	59	미연그룹(Midland Holding)	01200
	60	중신자원(Citic Resources)	01205
	61	중국창신투자(CH Innovation)	01217
	62	중유부동산(C C Land)	01224
	63	인화상업(Renhe Comm)	01387
	64	베스프푸드홀딩스(Best Food Hldg)	01488
	65	중국부동산(China Properties)	01838
	66	중국석탄에너지(China Coal)	01898
	67	COSCO해운(COSCO Ship Hold)	01919
	68	대양그룹(Ta Yang Group)	01991
	69	신신테크놀러지그룹(SIM Tech)	02000

시장	번호	종목명	코드
홍콩	70	합풍그룹홀딩스(Hop Fung Group)	02320
	71	태평양항운(Pacific Basin)	02343
	72	상해집우기계(Shanghai Prime)	02345
	73	보업그룹(Baoye Group)	02355
	74	중국알루미늄(Chalco)	02600
	75	COSCO개발(COSCO Ship Dev)	02866
	76	솔로몬시스텍(Solomon Systech)	02878
	77	자금광업(Zijin Mining)	02899
	78	영가그룹(Win Hanverky)	03322
	79	링바오골드(Lingbao Gold)	03330
	80	청진항발전홀딩스(Tianjin port Dev)	03382
	81	화정그룹홀딩스(China Ting)	03398
	82	신강신흠광업(Xinxin Mining)	03833
	83	수창환경(Capital Env)	03989
	84	중채망통홀딩스(CH Netcomtech)	08071
	85	신통로봇교육(S Robot Edu)	08206
	86	글로벌디지털(GDC)	08271
	87	중국생명그룹(Sino-Life Group)	08296

시장	번호	종목명	코드
중국 (상해)	1	상해포동발전은행(Shanghai Pudong Dev Bank Co)	600000
	2	보산철강(Baoshan Iron & Ste)	600019
	3	COSCO에너지운송(COSCO Shipping En)	600026
	4	중국석유화학(China Petroleum &)	600028
	5	중신증권(Citic Securities)	600030
	6	삼일중공업(Sany Heavy Ind Co Ltd)	600031
	7	보리부동산(Poly Real Estate Group Co)	600048
	8	안휘환유고신재료(Anhui Wanwei Upda)	600063
	9	터비엔정공(Tebian Electric AP)	600089
	10	광주금발테크놀로지(Kingfa Sci. & Tech)	600143
	11	신호중보(Xinhu Zhongbao Co Ltd)	600208
	12	만통부동산(Beijing Vantone Real Estate)	600246
	13	남경철강(Nanjing Iron & Ste)	600282
	14	하남령예제약(Henan Lingrui Pharmaceutical)	600285
	15	주광굉흥철강(Gan Su Jiu Steel Gp Hongxing)	600307
	16	주해화발실업(Huafa Industrial Co Ltd)	600325
	17	강서동업(Jiangxi Copper Co Ltd)	600362
	18	북경수도개발(Beijing Cap Devmt)	600376
	19	금지그룹(Gemdale Corp)	600383
	20	중금황금(Zhongjin Gold Co)	600489
	21	해양석유공정(Offshore Oil Engineering Co)	600583
	22	산동금정테크놀로지(Shandong Jinjing S)	600586

시장	번호	종목명	코드
중국 (상해)	23	요녕성대(Liaoning Chengda)	600739
	24	상해실업개발(Shanghai Industrial Develpmt)	600748
	25	할빈투자(Harbin Hatou Investment Co)	600864
	26	악양제지(Yueyang Forest & P)	600963
	27	계란정탄고분(Kailuan Energy Chemical)	600997
	28	서부광업(Western Mining Co)	601168
	29	중국알루미늄(Aluminum Corp China Ltd)	601600
	30	자금광업(Zijin Mining Group)	601899
	31	COSCO해운(COSCO Shipping Hld)	601919
중국 (선전)	32	평안은행(Ping An Bank Co Ltd)	000001
	33	범해홀딩스(Oceanwide Holdings Co Ltd)	000046
	34	화교성(Shenzhen Overseas Chinese	000069
	35	금융가홀딩스(Finance Street Hldg Co Ltd)	000402
	36	오동제약(Jinlin Aodong Med Ind (GP) Co	000623
	37	미호부동산그룹(Myhome Real Estate Dev Group)	000667
	38	BOE(BOE Technology Group Co Ltd)	000725
	39	호호도아연(Huludao Zinc Industry Co Ltd)	000751
	40	본강판재(Bengang Steel Plates Co Ltd)	000761
	41	운남알루미늄(Yunnam Aluminum Co Ltd)	000807
	42	태강스테인리스(Shanxi Taigang Stainless STL)	000825
	43	운남구리(Yunan Copper Co Ltd)	000878
	44	안강철강(Angang Steel Co Ltd)	000898
	45	신화석탄발전(Henan Shenhuo Coal Ind & Ele)	000933
	46	제남트럭(CNHTC Jinan Truck Appliance)	000951
	47	운남주석(Yunnan Tin Co Ltd)	000960
	48	쑤닝윈상그룹(Suning Commerce Group Co Ltd)	002024
	49	사원전기(Sieyuan Electric Co Ltd)	002028
	50	화봉스판덱스(Zhejiang Huafeng Spandex Co)	002064
	51	흑묘카본블랙(Jiangxi Black Cat Carbon Bla)	002068
	52	국맥과기(Fujian Guomai Tech Inc)	002093
	53	노천석탄(Huolinhe Opencut Coal Ind Co)	002128
	54	영성부동산(Risesun Real Estate Dev Co)	002146
	55	호남황금(Hunan Gold Corp Ltd)	002155
	56	오양과기(Jiangsu Aoyang Tech Corp Ltd)	002172
	57	금풍과기(Xinjiang Goldwind Sci & Tech)	002202
	58	해량(Zhejiang Hailiang Co Ltd)	002203
	59	건신화학(Hebei Jianxin Chemical Co)	300107

중국 시장은 차트 특성도 특성이지만, 국내에서 거래 가능한 선강퉁, 후강퉁 종목이 약 1,200개에 지나지 않으므로 미래 관심 종목이 다른 나라와 비교해 적은 편이다.

시장	번호	종목명	코드
일본	1	호소다공무점(Hosoda Corporation)	1906
	2	다케에이(Takeei Corporation)	2151
	3	INA Research Inc	2176
	4	Dawn Corporation	2303
	5	트랜스제닉(Trans Genic Inc)	2342
	6	아마나홀딩스(Amana Inc)	2402
	7	후지코(Fujikoh Company Limited)	2405
	8	아스카넷(Asukanet Company Limited)	2438
	9	아운컨설팅(Aun Consulting Inc)	2459
	10	JTEC Corporation	2479
	11	시스템로케이션(System Location Co Ltd)	2480
	12	타운뉴스사(Townnews-sha Co Ltd)	2481
	13	오토웨이브(Autowave Co Ltd)	2666
	14	Steilar C.K.M(Yumemitsuketai Co Ltd)	2673
	15	지테이스트(G. Taste Co Ltd)	2694
	16	일본라이트온(Lite-on Japan Ltd)	2703
	17	하이브리드서비스(Pixel Companyz Inc)	2743
	18	이시미츠상사(S.Ishimitsu&Co Ltd)	2750
	19	카루라(Karula Co Ltd)	2789
	20	나프코(Nafco Co Ltd)	2790
	21	허니즈(Honeys Holdings Co Ltd)	2792
	23	파마푸즈(Pharma Foods International Co Ltd)	2929
	22	퍼시픽넷(Pacific Net Co Ltd)	3021
	23	KTK Inc	3035
	24	하이퍼컨셉숀(Hyper Inc)	3054
	25	Asrapport Dinning Co Ltd	3069
	26	사이보(Saibu Co Ltd)	3123
	27	타이토방직(Daitobo Co Ltd)	3202
	28	센트럴종합개발(Central General Development)	3238
	29	일본코크스공업(Nippon Coke & Engineering Co)	3315
	30	페리시모(Felissimo Corporation)	3396
	31	샌노(Sanno Co Ltd)	3441
	32	레나운(Renown Incorporated)	3606
	33	빌링시스템(Billing System Corporation)	3623
	34	악셀마크(Axel Mark Inc)	3624
	35	후지프레얌(Fujipream Corporation)	4237
	36	IPS Co Ltd	4335
	37	Broadmedia Corporation	4347
	38	Yamada Servicer Synthetic Office Co Ltd	4351
	39	초교의약품(Chukyo Iyakuhin Co Ltd)	4558
	40	슈에이요비코(Shuei Yoboko Co Ltd)	4678
	41	Gala Incorporated	4777
	42	도요탄소(Toyo Tanso Co Ltd)	5310
	43	쓰루야(Tsuruya Co Ltd)	5386

시장	번호	종목명	코드
	44	치요다우테(Chiyoda Ute Co Ltd)	5387
	45	JFE홀딩스(JFE Holdings Inc)	5411
	46	니폰야킨공업(Nippon Yakin Kogyo Co Ltd)	5480
	47	도호티타늄(Toho Titanium Company Limited)	5727
	48	니콘필콘(Nippon Filcon Co Ltd)	5942
	49	Toami Corporation	5973
	50	히사카제작소(Hisaka Works Ltd)	6247
	51	닛탄밸브(Nittan Valve Mfg Co Ltd)	6493
	52	NFK홀딩스(NFK Holdings Co Ltd)	6494
	53	미야이리밸브제작소(Miyairi Valve Mfg Co Ltd)	6495
	54	다이닛코엔지니어링(KK Di-Nikko Engineering Co Ltd)	6635
	55	다이요공업(Taiyo Industrial Co Ltd)	6663
	56	광전자공학(Opto Electronics Co Ltd)	6664
	57	르네사스일렉트로닉스(Renesas Electronics Corp)	6723
	58	얼라이드텔레시스홀딩스(Allied Telesis Holdings)	6835
	59	코셀(Cosel Co Ltd)	6905
	60	우시오전기(Ushio Inc)	6925
	61	다나카정밀공업(Tanaka Semitsu Industry Co Ltd)	7218
	62	일신공업(Nissin Kogyo Co Ltd)	7230
	63	유니반스(Univance Corporation)	7254
일본	64	라이트온(Right On Co Ltd)	7445
	65	야마노홀딩스(Yamano Holdings Corporation)	7571
	66	Naito & Co Ltd	7624
	67	글로벌-다이닝(Global-dining Inc)	7625
	68	시마(New Art Co Ltd)	7638
	69	Ontsu Co Ltd	7647
	70	오카모토유리(Okamoto Glass Co Ltd)	7746
	71	리코(Ricoh Company Ltd)	7752
	72	Maruman & Co Ltd	7834
	73	아르크코퍼레이션(Arrk Corporation)	7873
	74	타카노(Takano Co Ltd)	7885
	75	쯔쯔미쥬얼리(Tsutsumi Jewelry Co Ltd)	7937
	76	나가호리(Nagahori Corporation)	8139
	77	아이풀(Aiful Corporation)	8515
	78	Aplus Financial Co Ltd	8589
	79	노무라홀딩스(Nomura Holdings Inc)	8604
	80	Traders Holdings Co Ltd	8704
	81	오카토홀딩스(Okato Holdings Inc)	8705
	82	후지토미(Fujitomi Co Ltd)	8740
	83	후지토미(Fujitomi Co Ltd)	8740
	84	코바야시양행(Kobayashi Yoko Co Ltd)	8742
	85	메이지해운(Meiji Shipping Co Ltd)	9115
	86	임프레스홀딩스(Impress Holdings Inc)	9479
	87	UEX Ltd	9888

캔들
마스터에게
묻고
답하기

"시장이란 미로에서는 서두를수록 둘러가고
느긋할수록 질러간다."

1. 캔들매매법이 많이 알려지면 얼마 못 가 효과가 없어지는 것 아닌가?

어떤 기법이 시장에 공개되면 그 기법은 더는 쓸모가 없어진다는 속설은 말 그대로 속설에 지나지 않는다. 마법의 기법이라면 가능한 일이겠지만, 톱니바퀴 물리듯 딱딱 맞아떨어지는 그런 기법이나 공식은 현실 세계에 존재할 수 없다. 캔들매매도 구체화되어 있지만 수학 공식 같은 것이 아니기 때문에, 만인이 똑같이 적용할 수 없고 적용하려고도 하지 않는다.

2. 거래량 하나만이라도 참고하면 더 낫지 않을까?

그렇지 않다. 거래량이든 뭐든 보조지표를 참고하는 순간 근거 없는 관점과 간섭이 발생하고 캔들매매는 곧바로 특성과 장점을 잃는다.

3. 예측을 잘하는 게 중요하지 않나?

예측에 근거해 가용 자금을 쏟아 부어 소위 '대박'을 얻을 때도 있다. 다만 그런 운은 반복되지 않는 게 문제며, 무분별한 점쟁이 식 예측은 곧잘 도박 놀음으로 변질되기 마련이다.

4. 단타 매매에 적용할 수 없는가?

적용할 수도 있지만 추천하지 않는다. 그나마 일간 차트 기준이며, 1시간 이하 시간 차트에서의 적용은 불가하다. 쉽고 여유 있는 길을 놔두고 어렵고 복잡한 길을 갈 이유가 없다.

5. 다른 기법과 조합하면 안 되나?

캔들매매는 다른 어떤 기법, 방식도 필요로 하지 않는다. 우월해서라기

보다 보조지표를 활용하는 기존의 어떤 기법과도 일치점이 없기 때문이다.

6. 신문 사회면, 경제면을 보는 건 도움이 되지 않을까?

봐도 된다. 하지만 경제 뉴스나 기사 내용을 그대로 참고해서 투자해서는 곤란하다. 쏟아져 나오는 수많은 정보 중 쓸 만한 것도 있지만, 투자자의 이성적 판단력을 흐리는 고약하고 의심스런 정보가 더 많기 때문이다.

7. 회사 가치, 재무제표는 볼 필요가 없나?

가치투자를 하고자 한다면 차트상으로 해석할 근거가 없는 종목만 대상으로 해야 한다. 기술적 저평가주로 판단되는 관심 종목이라면 차트만 해석하면 될 뿐, 회사 명성이나 가치, 재무제표, 공시 등을 굳이 참고할 필요가 없다.

8. 시장이 대세 하락기인데 투자해도 괜찮을까?

국내외 경제 상황이 좋지 않아도 상관없다. 개별 종목에서 신호가 있다면 매수하면 그만이다. 단, 시장 외적인 요소에 의해 상승세가 더뎌질 수도, 상승하다 꺾어질 수도 있음을 사전에 인지할 필요는 있다.

9. 해외선물 등 파생상품에 적용하고 거래하면 안 되나?

시장 특성이 조금은 달라 주간, 일간 차트에서의 적용은 어렵다. 1시간 차트에서 비슷한 파동 유형, 신호가 나올 때가 있는데 이때는 적용해도 무방하다.

10. ETF, ETN 종목을 포함, 상장된 지 얼마 안 된 종목은 적용할 수 없나?

초반부에 그치더라도 적용 및 응용이 가능할 때가 있다. '9장 파동, 캔들군, 캔들의 조합'과 '10장 캔들매매와 해외 주식투자'를 참고하자.

11. 차트 복기는 어떻게 해야 할까?

이상적인 과거 차트 복기란 앞의 흐름, 캔들을 보지 않고 하나씩 넘기며 정상적인 다음 흐름을 유추하고 매수 신호를 찾는 과정이다. 그런데 이런 과정이 어렵기도 하거니와 주간 차트에서는 제공 기간이 짧아 복기가 어려운 종목도 많다. 따라서 과거부터 현재까지 전체 차트를 펼쳐 놓고 해석 의미가 있는 파동, 캔들군, 캔들 신호를 찾아 어떤 식으로 흐름이 전개되었는지 확인하는 방법으로 진행해도 충분하다.

12. 《캔들혁명》 '8장 주식에서의 캔들 신호'에서의 내용과 이 책의 내용이 다른데 어떻게 받아들여야 하나?

큰 틀에서의 내용은 대동소이하지만 《캔들혁명》보다 훨씬 더 꼼꼼하고 자세히 다루었으므로 이 책의 내용을 우선시하도록 한다.

이 책에 소개된 종목 한눈에 찾기

※가나다순

순번	종목명	차트 번호	페이지
1	고려제약(014570) 주간 차트	7-56	190
2	기아차(000270) 주간 차트	5-9	79
3	남선알미우(008355) 주간 차트	7-58	191
4	남화토건(091590) 주간 차트	9-14	260
5	네오위즈(095660) 주간 차트	6-37	122
6	네이처셀(007390) 주간 차트	8-20	212
7	넥스트아이(137940) 주간 차트	6-57	136
8	노루홀딩스(000320) 주간 차트	8-63	240
9	노루홀딩스우(000325) 주간 차트	7-37	176
10	뉴보텍(060260) 주간 차트	8-18	211
11	대림산업(000210) 주간 차트	6-45	129
12	대림제지(017650) 주간 차트	7-27	166
13	대성미생물(036480) 주간 차트	7-18	161
14	대신정보통신(020180) 주간 차트	7-38	177
15	대아티아이(045390) 주간 차트	8-56	236
16	대원전선(006340) 주간 차트	8-19	212
17	대호피앤씨우(021045) 주간 차트	7-25	165
18	동국실업(001620) 주간 차트	6-62	138
19	동양네트웍스(030790) 주간 차트	8-65	241
20	동원금속(018500) 주간 차트	6-14	102
21	동화약품(000020) 주간 차트	8-62	239
22	디아이(003160) 일간 차트	8-29	218
23	디지아이(043360) 주간 차트	6-35	120
24	디피씨(026890) 주간 차트	7-11	156
25	딜리(131180) 주간 차트	9-27	273
26	로체시스템즈(071280) 주간 차트	7-41	179
27	롯데지주(004990) 주간 차트	6-5	94
28	만호제강(001080) 주간 차트	5-6	76
29	바이온(032980) 주간 차트	9-29	275
30	보해양조(000890) 주간 차트	6-6	95
31	부국철강(026940) 주간 차트	6-34	120
32	부산주공(005030) 주간 차트	7-10	155
33	삼성중공업(010140) 주간 차트	7-6	153
34	삼양통상(002170) 주간 차트	6-7	96
35	삼호(001880) 주간 차트	6-8	97
36	상신이디피(091580) 주간 차트	8-60	238
37	서연(007860) 주간 차트	7-9	154
38	서원(021050) 주간 차트	6-38	122
39	세기상사(002420) 주간 차트	7-12	156
40	세종텔레콤(036630) 주간 차트	5-3	74

순번	종목명	차트 번호	페이지
41	세진티에스(067770) 주간 차트	8-31	219
42	셀바스AI(108860) 주간 차트	9-23	271
43	시노펙스(025320) 주간 차트	6-42	125
44	시디즈(134790) 주간 차트	7-20	162
45	신세계건설(034300) 주간 차트	9-9	257
46	신원우(009275) 주간 차트	7-57	190
47	신풍제약우(019175) 주간 차트	6-32	118
48	실리콘웍스(108320) 주간 차트	9-30	276
49	에스에이티(060540) 주간 차트	9-25	272
50	에스엘(005850) 주간 차트	7-19	161
51	에쎈테크(043340) 주간 차트	7-43	180
52	에이스테크(088800) 주간 차트	9-24	272
53	에이코넬(033600) 주간 차트	7-36	176
54	영보화학(014440) 주간 차트	7-39	177
55	영신금속(007530) 주간 차트	7-55	189
56	영진약품(003520) 주간 차트	7-21	162
57	옴니시스템(057540) 주간 차트	9-12	259
58	우성사료(006980) 주간 차트	6-33	119
59	웅진(016880) 주간 차트	5-5	76
60	웹젠(069080) 주간 차트	6-52	132
61	유니셈(036200) 주간 차트	8-16	210
62	유니슨(018000) 주간 차트	8-61	239
63	유니온머티리얼(047400) 주간 차트	6-31	118
64	유니테스트(086390) 주간 차트	7-8	154
65	유안타증권우(003475) 주간 차트	6-39	123
66	유유제약(000220) 주간 차트	7-42	179
67	유유제약2우B(000227) 주간 차트	7-7	153
68	이상네트웍스(080010) 주간 차트	6-40	124
69	이수앱지스(086890) 주간 차트	8-32	219
70	이스타코(015020) 주간 차트	6-10	99
71	일진다이아(081000) 주간 차트	8-54	235
72	장원테크(174880) 주간 차트	6-56	135
73	제이스텍(090470) 주간 차트	9-15	261
74	제이준코스메틱(025620) 주간 차트	5-7	78
75	제일파마홀딩스(002620) 주간 차트	7-14	157
76	주성엔지니어링(036930) 주간 차트	6-61	138
77	코센(009730) 주간 차트	9-26	273
78	코스모신소재(005070) 주간 차트	8-64	240
79	코오롱인더(120110) 주간 차트	6-48	130
80	코웰패션(033290) 주간 차트	8-59	238
81	태영건설(009410) 주간 차트	6-15	103
82	태원물산(001420) 주간 차트	9-20	265
83	토탈소프트(045340) 주간 차트	7-13	157